Barbara Honigmann

Damals,

Dann

und Danach

Carl Hanser Verlag

I 2 3 4 5   03 02 01 00 99

ISBN 3-446-19668-4
© 1999 Carl Hanser Verlag München Wien
Satz: Fotosatz Reinhard Amann, Aichstetten
Druck und Bindung: Friedrich Pustet, Regensburg
Printed in Germany

Ich bin nicht Anne!

Frau Schulze wohnte im ersten Stock, und ich wohnte unter dem Dach. Ich war Studentin, und was Frau Schulze für einen Beruf hatte, weiß ich heute noch nicht. Wenn ich an ihrer Tür vorbeilief, hörte ich oft ein merkwürdiges Lärmen dahinter und manchmal eine merkwürdige Stille, und beides kam mir unheimlich vor, und manchmal hatte ich sogar das Gefühl, daß sie hinter der Tür stand und mir auflauerte. Abends und lange bis in die Nacht hörte man sie mit ihrer lauten Stimme durch das ganze Haus schreien und lallen. Ich hatte bald begriffen, daß sie eine Trinkerin war.

Deshalb schlich ich so leise, wie es mir nur irgend möglich war, an ihrer Tür vorbei, mehrmals jeden Tag.

An einem Abend aber riß sie tatsächlich, wie ich es schon immer befürchtet hatte, als ich vorbeischlich, die Tür auf, zerrte mich in ihre Wohnung hinein, mit Gewalt zog sie an mir und schubste und stieß mich, daß ich mich nicht wehren konnte, und brüllte auf mich ein, komm, Anne, komm rein, jetzt kommst du endlich rein, Anne, und dann drückte sie mich auf einen Stuhl in ihrer Küche, und da sah ich und roch den Alkohol, weil Frau Schulze mich gar nicht mehr losließ und heulte und grölte, bis ich endlich sagte: »Was haben Sie denn, was ist denn los?«

Sie schrie immer mehr, warum ich nie gekommen sei, früher, was ich mir denn erlauben würde. »Warum bist du nie wieder zu mir gekommen, Anne?«

Ich sagte, daß ich nicht Anne heiße und nicht Anne sei und daß sie mich wohl mit jemandem verwechseln müsse.

»Aber Du bist eine Jüdin, ich habe Dich sofort erkannt!«

Ich habe »Ja« gesagt, »ich bin eine Jüdin«, sollte ich etwa nein sagen? Deswegen war ich noch lange nicht Anne! Doch nun ahnte ich es schon, woran es lag, daß sie so auf mich einschrie und mich nicht losließ. »Halt die Schnauze, Anne! Halt bloß die Schnauze, wag es nicht, mir zu widersprechen, du bist das undankbarste Geschöpf auf der Erde, und ich hab es immer gewußt.« Jetzt fing auch ich an zu schreien, sie sei ja verrückt und besoffen, und ich sei nicht Anne, sie solle das endlich begreifen, »ich bin es nicht, nein und nochmals nein« und jetzt wolle ich hier weg und hoch in meine Wohnung, und wenn sie mich nicht in Ruhe lasse, würde ich bei nächster Gelegenheit die Polizei holen. Sie hat mich losgelassen, hat weitergeheult, weitergebrüllt, alles mögliche vom Tisch geworfen, so daß ich in Deckung ging, und dann lief ich schnell zur Tür, aber sie holte mich schon ein und wimmerte bloß noch: »Warum hast du dich bloß nie wieder bei mir gemeldet, Anne?« Ich sagte wieder: »Bitte Frau Schulze, seien Sie doch vernünftig, ich bin nicht Anne, und ich weiß auch nicht, wer Anne überhaupt sein soll.« Dann hat sie mich wieder zurück ins Zimmer geschubst, hat Fotoalben, die da schon griffbereit lagen, herausgezerrt, und ich habe lauter Fotos von Frau Schulze und einem kleinen Mädchen gesehen, das tatsächlich ein bißchen so aussah, wie ich als kleines Mädchen auch ausgesehen habe, schwarze Haare, dunkle Augen, dicke Augenbrauen, und Frau Schulze sagte, daß Anne schließlich bei ihr gelebt und gewohnt hat, und daß sie sich um sie gekümmert habe, in der schlimmen Zeit. Aber dann sei ihre Mutter zurückgekommen, und Anne ist wieder mit ihrer Mutter mitgegangen, die Mutter hat sie abgeholt, hat gesagt, bloß schnell weg von hier, und sonst kein Wort, und die beiden haben nie wieder etwas von sich hören lassen. Ausgeflogen! Weggeflogen! Undankbar! Unverschämt! Nun ahnte ich ungefähr, was das für eine Geschichte gewesen sein mußte, und habe Frau Schulze versucht zu erklären, daß Anne ja um einiges älter sein müßte als ich, daß ich erst nach der »schlimmen Zeit« geboren worden bin, und daß sie auch meine Mutter hier im Hause schon manchmal gesehen hatte. Aber nachdem ich mich jetzt auf das Thema Anne überhaupt einließ, hörte sie erst recht nicht mehr auf, sie fing sogar erst richtig an und meinte, daß ich doch wenigstens wissen müsse, wo Anne jetzt sei, daß ich sie suchen und finden müsse, ja das müsse ich, und sie zu ihr zurückbringen, da ich auch eine Jüdin sei, wie sie ja sofort bemerkt habe, oder etwa nicht? Und wieder sagte ich: »Ja, natürlich, aber Frau Schulze, bitte verstehen Sie doch!«

Diese Szene hat sich im Laufe der Jahre viele Male wiederholt, obwohl ich jeden Tag versucht habe, lautlos, oder im Gegenteil in deutlicher Begleitung, an ihrer Tür vorbeizugehen. Immer wieder hat sie mich erwischt, hineingezerrt, ihr Drama von Anne vorgespielt und vorgejammert, inzwischen kannte ich auch schon die Höhe- und Wendepunkte der Vorstellung und auch den Moment, an dem sich ihre Gefühle erschöpfen würden und ich entfliehen konnte. Bald spielten wir unsere Rollen wie alte Komödianten, routiniert, ohne uns allzusehr zu verausgaben, und, schon an der Tür, kurz vor dem Abgang bevor ich die Tür zuknallte, war meine Schlußreplik immer dieselbe: »Sie sind verrückt und besoffen, ich habe mit Ihrer Geschichte nichts zu tun, ich kann Ihnen auch nicht helfen, ich bin es nicht, ich bin es nicht, Frau Schulze, ich bin nicht Anne!«

Mit den anderen Leuten im Haus hatte ich auch nicht gerade ein freundliches Verhältnis. Weil ich einen von dem ihren sehr verschiedenen Tagesrhythmus und immer viel Besuch hatte, nannten sie mich Schlampe und Hure und klopften an die Wände und holten auch manchmal die Polizei, die wir dann hereinbaten und aufforderten, sich doch mit in unsere Runde zu setzen, was sie natürlich nicht tat, aber etwas richtig Abscheuliches oder Kriminelles konnte sie bei uns auch nicht finden.

Mit Frau Schulze hatten die Hausbewohner allerdings auch immer Ärger, weil sie brüllte, tobte, offensichtlich verrückt war und alle beleidigte. Deshalb wurde sie eines Tages zur Schiedskommission beordert, wegen Beleidigung. Und weil sie ihr wirklich eins auswischen wollten, brachten sie als Hauptanklage vor, daß Frau Schulze von mir immer nur als »die Dreckjüdin« gesprochen habe, und das sei ja schließlich heute verboten. Die Ankläger waren vorher noch zu mir gekommen und hatten mich gefragt, ob das wahr sei, und ich sagte, daß sie mir das nie ins Gesicht gesagt habe, und was sie hinter meinem Rücken sage, wisse ich ja nicht. Nein, ob es wahr sei, daß ich Jüdin bin, und wieder sagte ich, natürlich, das sei wahr. Schließlich wollte ich ja eine stolze Jüdin sein.

Von diesem Tage an sagte niemand mehr im Haus Schlampe oder Hure zu mir, sie sprachen nämlich überhaupt nicht mehr mit mir, höchstens »guten Tag«, verhältnismäßig höflich. Frau Schulze wurde zu irgend etwas verurteilt, und wir waren nun beinahe Komplizen geworden. Jedenfalls wurde ich die Rolle, die sie mir in ihrem Drama zugewiesen hatte, nicht mehr los, bis zu dem Tag, an dem ich endlich aus dem Haus auszog und ihr ein letztes Mal versicherte: »Nein, Frau Schulze, ich bin es nicht. Ich bin nicht Anne!«

Selbstporträt als Jüdin

Mein Vater und meine Mutter sind tot. Die Rolle »Kind meiner Eltern« ist ausgespielt, ich muß selber in die vordere Reihe in der Kette der Generationen treten, wo zwischen dem Tod und mir niemand mehr steht. Aber nicht nur das ist es, was weh tut.

Ich glaube, wir Kinder von Juden aus der Generation meiner Eltern sind, vielleicht überall, aber in Deutschland besonders lange, Kinder unserer Eltern geblieben, länger jedenfalls als andere. Denn es war schwer, der Geschichte und den Geschichten unserer Eltern zu entrinnen. Andere haben solche Geschichten gehört: von der Front, von Stalingrad, von der Flucht aus Ostpreußen und Schlesien, von der Kriegsgefangenschaft, und von den Bomben auf die deutschen Städte. Die Legenden meiner Kindheit aber waren andere, und ich bin sehr lange in ihrem Bann geblieben. Im Bann der Gesänge von den mythischen Orten und Begebenheiten, tausendmal genannt und zugleich von viel Schweigen umgeben:

Die Routen des Exils
Überfahrten bei stürmischer See
Versunkene Städte
Die Treue der Gefährten
Die Untreue der Gefährten
Das rettende Land
Die Insel des Überlebens
Eine fremde Sprache

Wien vor dem Krieg
Berlin vor dem Krieg
Paris bis zur Okkupation
London
Bomben auf London
der Blitz.

Mein Vater wurde auf einer kleinen Schaluppe nach Kanada hinübergebracht und interniert. Meine Mutter war gerade beim Friseur, sie konnten sich nicht einmal mehr verabschieden. Im Lager mußte er Bäume fällen und hatte keine Ahnung, wo er da war, in Kanada. Ein Wunder, daß er heil zurückgekommen ist, links und rechts wurden die Schiffe versenkt mitten im U-Boot-Krieg. Ein paar versprengte deutsche Juden in einer Nußschale auf dem Ozean, zwischen Kanada und England, hingen über Bord und kotzten.

Später wurde mein Vater bei Reuters Chef vom European Service und meine Mutter Werkzeugmeisterin in einem Rüstungsbetrieb. So kämpften sie gegen die Deutschen, und dann kehrten sie nach Deutschland zurück.

Sie hatten sich für die russische Zone entschieden. Eine Art Überlaufen war das, von den Engländern zu den Russen. Sie lebten weiterhin nur unter Emigranten. Die Emigranten, das war der Adel, und der Adel verkehrte nur unter Seinesgleichen. Nicht-Emigranten waren nicht standesgemäß. Die Freunde und Freundinnen meiner Kindheit waren Kinder von Emigranten, so wie ich.

Jetzt, da meine Eltern tot sind, gebe ich leicht der Versuchung nach, wieder in den Bannkreis dieser Mythen zu treten. Aber ich höre nun auch die Dinge, die damals wahrscheinlich nicht gesagt worden sind, und sehe, oder glaube zu sehen, was versteckt wurde.

»Was ist eigentlich aus den anderen geworden, aus euren Familien in Ungarn, Österreich und Deutschland? Sind sie tot, leben sie noch, was für ein Leben, wo?

Warum sprecht ihr nicht von den Gräbern eurer Eltern, warum sprecht ihr überhaupt so wenig von euren Eltern? Was wolltet ihr um Himmels willen in der DDR? War es mehr als der Parteiauftrag? War es nur der Parteiauftrag? Warum habt ihr Euch unterworfen?«

Diese Fragen waren schmerzlich und wurden es mit den Jahren immer mehr. Später habe ich sie, um meine Eltern zu schonen, nicht mehr gestellt. Meine Mutter hat nur mit den Schultern gezuckt. Mein Vater war etwas offener, und dies war sein Credo: »Ich bin ein Urenkel der Aufklärung, und ich habe an Vernunft und an die Idee der Gleichheit und Brüderlichkeit geglaubt. Nicht die Juden von Schtetl waren »unsere Leut«, sondern die Männer der kommunistischen Idee waren es. Außerdem bin ich ein deutscher Jude, ein jüdischer Deutscher, die wollten mich aus Deutschland weg haben, aber ich bin wiedergekommen, das gibt mir Genugtuung. Ich gehöre hierher, auch wenn es mir hier kühl und leer ums Herz ist.«

Vielleicht kam diese Kühle und Leere nicht nur davon, daß aus dem Sozialismus, den meine Eltern aufbauen wollten, nichts wurde, sondern auch davon, daß sie vollkommen zwischen den Stühlen saßen, nicht mehr zu den Juden gehörten und keine Deutschen geworden waren.

Viel später habe ich für mein Leben entschieden, daß auch das Jüdische darin Platz haben sollte. In den siebziger Jahren schrieb ich mich wieder in die Jüdische Gemeinde ein, aus der meine Eltern in den fünfziger Jahren ausgetreten waren. Es gab dort schon eine kleine Gruppe von mehr oder weniger jungen Leuten, aus ähnlichen Elternhäusern kommend, die »zurückkehren« wollten, und erst viel später erfuhren wir, daß wir Teil einer weltweiten Rückkehrbewegung zum Judentum waren. Wir fingen an, Hebräisch zu lernen und uns dafür zu interessieren, was in der hebräischen Bibel und in dem sagenumwobenen Talmud steht, denn wir hatten immerhin schon gehört, daß es mit der jüdischen Bibel auf dem Wege bis zur Lutherbibel etwa so wie bei dem Spiel »Stille Post« zugegangen war. Jüdisches Wissen hatten mir meine Eltern verschwiegen oder hatten es selbst nicht gehabt.

Als mein erster Sohn geboren wurde, wollte ich, daß er nicht nur »jüdischer Herkunft« sei, sondern mit mir zusammen auch ein jüdisches Leben führen könne. Diese Entscheidung ist mir oft als Flucht in die Orthodoxie ausgelegt worden. In Wirklichkeit war ich auf der Suche nach einem Minimum jüdischer Identität in meinem Leben, nach einem selbstverständlichen Ablauf des Jahres nicht nach dem christlichen, sondern nach dem jüdischen Kalender und einem Gespräch über Judentum jenseits eines immerwährenden Antisemitismus-Diskurses. Ein Minimum, würde ich auch heute noch sagen, etwas, das mir gerade gut paßt für ein Leben zwischen den Welten, aber für deutsche Verhältnisse ist es eben schon zuviel.

Deshalb mußten wir weg. Die jüdischen Gemeinden sind zu klein und lassen zu wenig Spielraum für ein jüdisches Leben, und außerdem habe ich den Konflikt zwischen den Deutschen und den Juden immer als zu stark und eigentlich als unerträglich empfunden. Die Deutschen wissen gar nicht mehr, was Juden sind, wissen nur, daß da eine schreckliche Geschichte zwischen ihnen liegt, und jeder Jude, der auftauchte, erinnerte sie an diese Geschichte, die immer noch weh tut und auf die Nerven geht. Es ist diese Überempfindlichkeit, die mir unerträglich schien, denn beide, die Juden und die Deutschen, fühlen sich in dieser Begegnung ziemlich schlecht, sie stellen unmögliche Forderungen an den anderen, können sich aber auch gegenseitig nicht in Ruhe lassen.

Obwohl ich selbst das Jüdische thematisiere und auf meinem jüdischen Leben insistiere, bin ich schockiert, wenn man mich darauf anspricht, empfinde es als Indiskretion, Aggression, spüre die Unmöglichkeit, in Deutschland über die »jüdischen Dinge« unbelastet, unverkrampft zu sprechen. Ich reagiere gereizt, die Reaktionen auf beiden Seiten scheinen mir überstark und jedes Wort, jede Geste falsch.

Manchmal, eher selten, haben mir auch Deutsche gesagt, daß sie ein Gespräch über Judentum als ebenso quälend und eingeschränkt empfinden. Die gespielte Leichtigkeit derer, die ein bewußtes Judentum nur als einen Tick auffassen, ist allerdings noch schwerer zu ertragen, weil sie mir meine Identität gänzlich abzusprechen scheinen und ihre Unfähigkeit zeigen, ein anderes Leben als das ihre zu ertragen.

Es kommt mir manchmal vor, als wäre erst *das* jetzt die so oft beschworene deutsch-jüdische Symbiose, dieses Nicht-voneinander-loskommen-Können, weil die Deutschen und die Juden in Auschwitz ein Paar geworden sind, das auch der Tod nicht mehr trennt.

Es ist dieser Konflikt, diese Übergespanntheit,

wovor ich weggelaufen bin. Hier, in Frankreich, geht mich alles viel weniger an, ich bin nur ein Zuschauer, ein Gast, eine Fremde. Das hat mich von der unerträglichen Nähe zu Deutschland befreit.

Fragte man mich, ob ich deutsch oder jüdisch sei, würde ich schon deshalb jüdisch sagen, um mich von den Deutschen abzugrenzen. Das deutsche Volk steht ja nicht in Frage, der Begriff vom jüdischen Volk aber bleibt doch immer im Vagen und Ungewissen. In guten alten DDR-Tagen durfte sogar offiziellerweise gesagt werden: »Wir kennen kein jüdisches Volk.« Schon deshalb mußte ich meine Zugehörigkeit zum jüdischen Volk herausstellen. Mein Judentum ist eine wichtige Dimension meines Lebens, jedenfalls etwas, aus dem ich nicht heraus kann, selbst wenn ich es wollte; etwas, das mehr wie Liebe ist, die einen reich macht und trotzdem weh tut und außerdem das Denken darauf verengt, die Welt immer nur unter einem Aspekt zu betrachten, in diesem Falle ob sie nun gut für die Juden ist oder schlecht.

Ich bin auch eine Schriftstellerin, und es wird leicht gesagt, eine jüdische. Aber dessen bin ich mir nicht so sicher, denn all das, was ich da gesagt habe, macht mich ja noch nicht zu einer jüdischen Schriftstellerin. Es macht, daß ich mich existentiell mehr zum Judentum als zum Deutschtum gehörig fühle, aber kulturell gehöre ich wohl doch zu Deutschland und zu sonst gar nichts. Es klingt paradox, aber ich bin eine deutsche Schriftstellerin, obwohl ich mich nicht als Deutsche fühle und nun auch schon seit Jahren nicht mehr in Deutschland lebe. Ich denke aber, der Schriftsteller ist das, was er schreibt, und er ist vor allem die Sprache, in der er schreibt. Ich schreibe nicht nur auf deutsch, sondern die Literatur, die mich geformt und gebildet hat, ist die deutsche Literatur, und ich beziehe mich auf sie, in allem was ich schreibe, auf Goethe, auf Kleist, auf Grimms Märchen und auf die deutsche Romantik, und ich weiß sehr wohl, daß die Herren Verfasser wohl alle mehr oder weniger Antisemiten waren, aber das macht nichts.

Als Jude bin ich aus Deutschland weggegangen, aber in meiner Arbeit, in einer sehr starken Bindung an die deutsche Sprache, kehre ich immer wieder zurück.

Gräber in London

London, 1. November 1942

Mein liebes Kind!
   Heute fühle ich mich so unwohl, daß ich denke,
mit so einem gebrochenen Herzen kann man unmög-
lich länger leben. Eines Tages oder nachts werde ich
einfach aufhören zu leben.
Mein liebs Kind, machs gut!
Ich spüre, daß es jetzt zu Ende geht.
Den schwarzen Ring sollst Du verkleinern und tragen und er soll Dir viel Glück bringen, ebenso die
Halskette mit dem schwarzen Stein, ich habe sie noch
von meiner teuersten Mutter erhalten. Ich bitte Dich
auch, das Grab Deines teuren Papa in Ordnung zu
bringen, es sollte aus einer Zementplatte und einem
kleinen Stein bestehen, um ihm zu ersparen, daß er
da so wie ein Hund begraben liegt, völlig verwahr-
lost. Ich möchte gerne mit ins Grab von Papa gelegt
werden, wenn das möglich ist. Ich weiß nicht, ob das
hier geht, in Wien war es möglich.

Diesen Brief habe ich nach dem Tod meiner Mutter als ihre einzige Hinterlassenschaft gefunden. Der Brief ist auf ungarisch geschrieben, ich mußte ihn mir erst übersetzen lassen.*

Sonst hatte sie nichts aufgehoben, gar nichts. Nur diesen Brief mit den beiden graugrünen Karten vom Friedhof.

Meine Mutter ist nie auf einen Friedhof gegangen, sie hat nie über Tote und nicht über Gräber gesprochen. Ich wußte die längste Zeit meiner Kindheit nicht, wo die Gräber meiner Großeltern liegen.

Später habe ich die beiden kleinen, graugrünen Karten entdeckt:

United Synagogue
East Ham Cemetery

Irzo Kollman
Date of Interment May 5th 1939
Section K; Row 11; No. 663

Gisella Kollman
Date of Interment 2nd July 1943
Section P Row: 14; No. 461

Auf der Karte stehen auch die Verkehrsverbindungen: U-Bahn bis East Ham und dann Bus bis *White Horse Hotel.*

---

* Von Peter Nádás, dem ich danke.

Als mich meine Mutter im Jahre 1960 nach England schickte, war ich elf Jahre alt. Sie hat mir nicht gesagt: geh die Gräber deiner Großeltern besuchen, sieh nach, in was für einem Zustand sie sind. Sie hat mich nicht hingeschickt, hat nichts von den Gräbern erwähnt, und hat ja auch fast nie von ihren Eltern gesprochen. Nur ein paar Legenden erzählt von ihrer Kindheit auf dem Bauernhof im Südwesten von Ungarn, Kerkaszentmiklos, bei Nagykanisza, diese Namen waren alleine schon ein Witz. Aufs Gymnasium ist sie dann natürlich nach Wien gegangen, es war ja noch die k.u.k. Zeit. In den Legenden kamen blühende Obstbäume vor, in denen meine Mutter als Kind angeblich herumgeklettert sei, Ställe und Vieh und durchziehende Zigeuner jedes Frühjahr, und innige Liebe zwischen Tochter und Mutter und Großmutter. Ich habe davon nie ein Wort geglaubt, es klang so, als habe sie es selbst in einem Buch gelesen und dann auswendig gelernt. Es kamen in diesen Legenden auch Onkel und Tanten, Cousins und Cousinen vor, von denen sonst aber nie die Rede war. Später tauchten sie nie mehr auf, in anderen Erzählungen nicht, auf Fotos nicht und im Leben sowieso nicht.

Die Herkunft von dieser dem Balkan so nahen Gegend wurde in eine graue Vorzeit verbannt.

Der eigentliche Lebensmittelpunkt meiner Mutter war London, wohin sie in den 30er Jahren geflüchtet war, aber sie hatte eigentlich immer so getan, als ob sie überhaupt nie woanders gelebt hätte, und schon gar nicht in einem dem Balkan so nahen, von Zigeunern bevölkerten Land. Trotz Exil und trotz Krieg und Bomben muß die Zeit in England wohl ihre beste Zeit gewesen sein. Nicht, daß sie darüber viel erzählt hätte. »England ist ein zivilisiertes Land« (im Gegensatz zu Deutschland), war die ganze Erklärung. Viel mehr von dem Geheimnis konnte ich ihr nicht entreißen, aber es war offensichtlich, daß sie mir mehr mitzuteilen hatte, denn was war sonst der Grund, dauernd mit mir englisch zu sprechen; sie redete einfach auf mich ein, ohne es mir beizubringen nach irgendeinem System oder zu erklären, und ich konnte darauf natürlich nichts antworten, und kam mir ganz dumm vor. Außerdem sollte ich ihr immer wieder am Sonntagmorgen, ich saß am Fußende ihres Bettes und sie trank ihren Tee dabei, auf englisch »Alice in Wonderland« vorlesen, das ich auch nicht verstehen konnte, und ich mußte mich abquälen mit dem fremden Text. Daß Alice ja der eigene Vorname meiner Mutter war, ist mir erst Jahre später aufgefallen.

Und deshalb hat sie mich wohl auch nach England geschickt, in das »Wunderland«, obwohl sie selbst dorthin nie mehr zurückkehrte und obwohl es für ein DDR-Kind eher ungewöhnlich war, seine Ferien im kapitalistischen Ausland zu verbringen.

Allerdings hatte meine Lehrerin, Frau Manger, schon oft von ihrer Reise nach Portugal erzählt, es schien, als nährte sie sich seit Jahren von dieser

Reise, und sie ließ mich meinen Klassenaufsatz über »Meine Ferien in England« laut vor der ganzen Klasse vorlesen.

Nach dem Krieg war meine Mutter meinem Vater nach Berlin gefolgt und sie sprachen auch darüber nicht viel. Ihr Enthusiasmus für den Kommunismus füllte scheinbar alles aus: Vergangenheit, Gegenwart und Zukunft. Erklärungen waren überflüssig.

Das Wort Auschwitz hörte ich zum ersten Mal, als ich mit meiner Mutter eine ihrer Freundinnen im Krankenhaus besuchen ging. Meine Mutter sagte, daß die Toni, so war der Name der Freundin, sehr krank sei und sowieso nie mehr gesund werden würde, weil sie ja in Auschwitz gewesen sei. Sie erklärte nicht, was Auschwitz bedeutete, ich wußte es nicht, aber, sie ging wohl davon aus, daß es darüber ein Wissen von Anbeginn her gäbe.

Vom Judentum wurde auch nicht gesprochen, nur eben daß wir »die Juden« und die anderen »die Deutschen« waren, kein zivilisiertes Volk (im Gegensatz zu den Engländern). Nur diese Unterscheidung war noch übrig, und sie war sehr wichtig.

Ganz selten kam sogar ein Besuch aus dem Lande Israel. Er brachte irgendeinen folkloristischen Becher oder sonst etwas Unbrauchbares mit und ich richtete es immer so ein, daß dieser Gegenstand dann in meinem Zimmer landete, da hatte er den Rang einer Trophäe aus einem unzugänglichen Land und ich fühlte mich durch sie mit diesem Land verbunden und manchmal hatte der Überbringer ja auch gesagt: Später nehme ich dich einmal mit dorthin.

Auf jede Frage hat meine Mutter geantwortet: Ich weiß nicht. Kann mich nicht erinnern. Selbst die Leute, die auf den wenigen Fotos, die in einem Schuhkarton aufgehoben wurden, zu sehen waren, behauptete sie nicht mehr erkennen zu können, und reagierte auf die Frage, wer sie seien, aus was für einer Zeit und ob vielleicht verwandt, immer nur gereizt, als ob mich das sowieso nichts anginge! Eigentlich kam es mir immer mehr so vor, als ob sie etwas zu verbergen hätte, und als ob hinter unserem alltäglichen Zusammenleben es vielleicht noch ein ganzes Leben meiner Mutter gäbe, zu dem ich keinen Zugang hatte, wie zu der dritten oder zwölften Tür im Märchen, man würde bestraft, wenn man sie öffnete. Aber wie im Märchen war meine Neugier größer als die Angst vor der Strafe, und ich stellte meine Nachforschungen an, um etwas zu finden, das in die Vergangenheit meiner Mutter zurückwies. Ich kramte und schnüffelte in Kästen, Schubfächern und der Bibliothek, sobald meine Mutter aus dem Hause war. In einigen Büchern fand ich ihren Vornamen in ihrer eigenen Handschrift mit einem anderen Familiennamen – das deutete auf eine frühere Ehe hin. Ich fand auch das Scheidungsurteil, das die Ehe meiner Eltern »Im Namen des Volkes« schied, ausgesprochen von den Schöffen Berta Kupke, Arbeiterin, und Emil

Kulecki, Mechaniker. Ich studierte das Verhandlungsprotokoll, da stand wie lange meine Eltern schon keinen Geschlechtsverkehr mehr gehabt hatten und andere Details vor allem aus dem Leben meines Vaters, der schon lange nicht mehr bei uns wohnte, und der später noch von einer Ehe in die nächste stürzte, während meine Mutter bis zum Schluß alleine blieb.

Und ich fand das Kuvert, auf dem »Mutters letzte Briefe« stand, darin waren zwei gelbe Blätter, mehrfach gefaltet, das linierte Papier ganz vollgeschrieben, und die zwei graugrünen Karten vom East Ham Friedhof, auf denen die Grabplätze angezeigt waren. Die Briefe konnte ich nicht lesen, weil sie in einer Sprache geschrieben waren, die ich nicht verstand, Ungarisch. Ich wußte noch nicht, daß ich sie nach dem Tod meiner Mutter als ihre einzige Hinterlassenschaft wiederfinden würde, und ich wußte vor allem nicht, was das bedeuten sollte.

Einmal hatte ich auch in dem Schmuckkästchen meiner Mutter gekramt, das brauchte ich nicht mal heimlich zu tun, denn es erweckte keinen Verdacht. Da fand ich eine kleine Goldkette mit einem schwarzen Stein, meine Mutter sagte eine schwarze Perle. Ich wollte sie haben, und meine Mutter gab sie mir.

Ich trug sie ein paar Monate, aber dann mußte ich sie beim Sportunterricht abnehmen, wir standen draußen aufgereiht zum 200 m Lauf und der Sportlehrer hatte mich wieder reingeschickt, um den Schmuck abzulegen, weil das nicht sportlich sei und ich sollte mich beeilen. Nachher konnte ich zwischen den Anziehsachen und Schuhen die Kette nicht mehr wiederfinden. Das verheimlichte ich meiner Mutter ein paar Wochen, aber dann mußte ich es doch beichten, daß die Kette verloren war und unauffindbar. Meine Mutter sagte ganz lakonisch: es war das einzige was ich noch von meiner Mutter besaß, und die hatte sie noch von ihrer Mutter, deiner Großmutter. Dann tat sie weiter was sie gerade tat und was ich vergessen habe, und hätte mir doch endlich etwas erzählen oder erklären können, dachte ich. Die Kette mit der schwarzen Perle wurde nie mehr erwähnt.

Ich war aber nicht allein in der schwierigen Aufklärung meiner Herkunft. In dieser Zeit, damals als ich vielleicht fünfzehn war, lebte ich in einem Kreis, einer Gruppe, in der, wie zufällig, fast alle Juden waren oder eine jüdische Mutter oder einen jüdischen Vater oder einen jüdischen Großvater hatten oder sonst eine Spur jüdischen Herkommens, und dieses Jüdische war der stärkste Zusammenhalt zwischen uns, eine Magie, die uns geheimnisvoll verband. Wir suchten die gegenseitige Nähe und wollten einander Gefährten sein. Aber in welcher Sache? In der Sache unserer Herkunft. Es gab eine vage Opposition gegen den Staat, in dem wir lebten, die DDR, obwohl unsere Eltern alle auf höheren und hohen Posten in dessen Hierarchie plaziert waren, und es war vielmehr ein Widerwillen gegen das ganze Land Deutschland und gegen die Deutschen, diese unzivilisierten Barbaren, vor denen unsere Eltern ins Exil geflohen waren oder, besser noch, gegen die sie Widerstand geleistet hatten. Emigration, KZ, Widerstand, Jude waren die Paßwörter, um in unseren erlauchten Kreis Eingang zu finden. Aus diesen Wörtern leiteten wir unser ganzes Selbstbewußtsein ab.

Die Geschichte unserer Eltern kannten wir aber nur bruchstückhaft, und das Judentum überhaupt nicht. Wir forschten keiner Wahrheit nach und lebten mit Legenden. Unsere Eltern sprachen nicht besonders gerne über die Vergangenheit und schauten nicht gerne zurück.

So war unsere Herkunft eher mythischer Art, ein Geheimnis, nichts jedenfalls, das mit einem normalen Leben oder auch nur mit einem Gespräch darüber zu tun hatte.

Es gab in Ostberlin einen Ort, wo diese Magie zelebriert wurde – den jüdischen Friedhof von Weissensee. Dort gingen wir alle, aber nie zusammen, nur jeder für sich allein, oft und lange spazieren. Ein riesiger Friedhof, einer der größten Europas, größer als Père-Lachaise, verwachsen verwildert und die Grabsteine halb aufgefressen von Efeu und Rhododendronbüschen, die im Frühjahr riesige violette und weiße Blüten tragen.

Wie oft ich da herumgegangen bin, zwischen den Gräbern, Grabsteinen, pompösen Konstruktionen, ganzen Hallen, ja Mausoleen für die Levys, Altmanns, Salomons, die es zu etwas gebracht hatten.

Ich las die Namen, versuchte, alle Namen auf allen Gräbern zu lesen, sie waren denen meiner Eltern und Großeltern viel ähnlicher, oft waren es sogar dieselben, denn Weil und Fürst gab es hunderte, als die Namen meiner Mitschüler Krause, Wiesner, Wernecke. Ich las auch die Geburts- und Sterbeorte, die eine weitverzweigte Geografie Europas bildeten, die Sterbeorte lagen allerdings manchmal außerhalb Europas – Buenos Aires, Sidney, New York. Auf die hebräischen Buchstaben, die ich nicht lesen konnte, starrte ich, als ob sie vielleicht eine geheime, sehr wichtige Botschaft für mich enthielten, durch die sich das Rätsel meiner Herkunft offenbaren würde und das Schweigen meiner Eltern gebrochen werden könnte.

Es schien mir, als ob auf diesem unübersichtlichen, halb zugewachsenen Ort, mit den labyrinthartigen Wegen, auf denen man sich immer verlief, mit seinen fremden Zeichen und immer wiederkehrenden Namen, Orten und Lebensaltern, ein Netz spannte, in das meine Eltern und Großeltern und auch ich selber verwoben waren, und daß wir vielleicht doch gar nicht so isoliert nur jeder für sich geboren waren, jeder ein einzelner, ganz wurzelloser Mensch.

Ich wußte nicht einmal, was Jom Kippur war, und noch weniger, was es bedeutete. Einmal, in meiner Kindheit, hatte meine Mutter unkontrollierter Weise etwas von Fasten gesagt. Inzwischen war ich schon fast dreißig, und wußte immer noch nicht viel mehr. In jenem Jahr erkundigte ich mich, wann Jom Kippur wäre, und ging in die Synagoge. Es gab ja nur die eine, und ich kannte sie, denn auch das war ja einer von den magischen Orten gewesen, und ich war schon oft da herum geschlichen. Nun ging ich hinein und es war ganz einfach. Drinnen traf ich Peter und wir haben wenig später geheiratet. Eine seltene jüdische Hochzeit an diesem verfluchten Ort. Einige glaubten, in diesem unwahrscheinlichen Ereignis sogar messianische Vorzeichen oder wenigstens ein Wunder entdecken zu können.

Dann fingen wir an, hebräisch zu lernen mit ein paar anderen aus der Gruppe derjenigen, die so sehnsuchtsvoll auf dem jüdischen Friedhof spazierengegangen waren und die sich mit den unkenntlichen Fragmenten ihrer Geschichte nicht mehr zufrieden geben wollten.

Unsere Treffen hatten etwas Konspiratives und wir lasen die Bibel auf hebräisch wie ein verbotenes Buch. Für je verrückter uns alle anderen erklärten, um so heroischer kamen wir uns vor und schufen uns einen neuen Mythos: die Wiedereroberung unseres Judentums aus dem Nichts.

Wir waren überzeugt, daß unsere Eltern, indem sie ihr Judentum so völlig beiseite gelegt, sich auch von ihrer Herkunft und Geschichte ganz abgeschnitten hatten und deshalb nur in Rätseln oder überhaupt nicht zu uns sprechen konnten. Diese Rätsel wollten wir nun sozusagen hinter ihrem Rücken lösen.

1. Das ist das Buch der Geschlechter Adams, des Menschen, am Tage als Gott den Menschen geschaffen und ihn in Gottes Ähnlichkeit gemacht hat. 2. Er schuf sie männlich und weiblich und segnete sie und nannte sie Mensch, am Tage, als sie geschaffen wurden. 3. Adam lebte 130 Jahre, da zeugte er in seiner Ähnlichkeit und nach seiner Gestalt, und nannte ihn Schet. 4. Adam, nachdem er Schet gezeugt hatte, lebte 800 Jahre und zeugte Söhne und Töchter. 5. Als Adams Tage, die er lebte, 930 Jahre waren, starb er. 6. Schet lebte 105 Jahre und zeugte den Enosch. 7. Und nachdem er Enosch gezeugt hatte, lebte er noch 807 Jahre und zeugte Söhne und Töchter. 8. Und alle Tage Schets waren 912 Jahre, dann starb er. 9. Enosch lebte 90 Jahre und hat den Kenan gezeugt...

Die Bibel, die sonst so mit Wörtern geizt, läßt der Aufzählung der Geschlechter von Adam bis Noah dreißig Sätze und weitere vierundfünfzig Sätze für das Register der Nachkommen von Noah bis Abraham. Darin liegt, in zehn Sätzen versteckt, die Geschichte vom Turmbau zu Babel. Für die großen Ereignisse ein paar Zeilen, und Seiten für die endlosen, langweiligen Aufzählungen von Namen und Lebensjahren, Namen und Lebensjahren und manchmal Orten und manchmal ein Beruf.

Und das erinnerte mich natürlich an den Friedhof in Weissensee.

Meine Eltern aber sagten: die Geschlechter sind tot, die Vergangenheit ist vorbei und die Gräber sind leere Orte.

Peter zeigte mir auf dem Friedhof in Weissensee das Grab seiner Ur-Urgroßmutter Brunella Benjamin. Das Grab war schwer zugänglich, in einer mittleren Reihe, an einer Stelle des Friedhofs, der schon ganz zu Wald geworden war, verschlungen und verwachsen, aber nach einiger Mühe, wenn man genug gebogen, geschält und geschabt hatte, konnte man Buchstaben entziffern: Bru ... a Ben ... in 18 ... bis 18 ...

Peter erklärte mir umständlich wie sie verwandt waren, welche Großmutter von welcher Tante und zeigte mir Stammbäume, die bis ins 17. Jahrhundert zurückreichten und auf denen man deutlich sah, wie er über seine Großmutter zuerst mit William Stern und dann mit Walter Benjamin und zum Schluß über weitere Äste und Zweige auch noch mit Heinrich Heine verwandt war.

Mich machte das wütend und eifersüchtig, neidisch. Ich sagte, wie es meine Mutter immer gesagt hatte, das ist alles Quatsch, leer, hohl, ohne Bedeutung. Du kannst dir dein Leben doch nicht von deinen Vorfahren borgen, von Stammbäumen herunterpflücken. Peter hat nicht verstanden, warum ich mich so darüber aufregte. Er sagte, warum hast du deine Eltern nicht gefragt, ich sagte, du weißt nicht was ein Tabu ist.

Wir fuhren mit meinem Vater und seiner letzten Frau zusammen in den Urlaub in die Slowakei, ganz weit in den Osten. Wir wohnten in einer alten Burg, das hatte sich so über die Beziehungen der letzten Frau ergeben. Die Burg wurde tagsüber von Touristen belagert und besichtigt, und nachts von einem riesigen Hund bewacht. Um sieben Uhr abends schlossen die Tore und wir blieben allein in unserem Turm, und auf dem Burghof lief der riesige Wachhund und knurrte und bellte, wenn er uns bloß von weitem sah, so daß wir es jeden Tag so einrichten mußten, unbedingt vor sieben Uhr abends zu Hause zu sein, bevor der Hund zur Wache runtergelassen wurde. Abend für Abend blieben wir so in unseren Turm eingesperrt. Vielleicht hätten wir einen Ausbruch versuchen können, Schlüssel zu allen Türen und Toren besaßen wir ja, aber wir wagten uns einfach nicht an dem fürchterlichen Hund vorbei. An einem dieser langen Abende in unserem Feriengefängnis sagte Peter zu meinen Vater, Georg, sag mir doch, wer waren deine Eltern, wie hießen sie, wo wurden sie geboren, wo sind sie gestorben, und deren Eltern und Geschwister, wie hießen sie, wo geboren, wo gestorben und so weiter, so weit wie du zurückkommst in deiner Erinnerung. Ich habe heute ein Heft gekauft, da werde ich alles aufschreiben. Ich erschrak zu Tode, als ich ihn so reden hörte, denn ich hätte es ja nie gewagt, meinem Vater solche Fragen zu stellen. Und da ich nie gefragt hatte, hatte ich auch keine Antwort bekommen und hörte nun meinen Vater von seinen

Onkeln Paul und Franz und Emil und deren Kindern und den Eltern der Eltern und deren Voreltern sprechen und das war, als ob meinen Ohren ein schreckliches Geheimnis preisgegeben würde. Peter schrieb alles in das grüne Heft, auf dem etwas in einer fremden Sprache stand, man konnte sich denken, daß es »Schulheft« heißt. Das Heft füllte sich mit Namen und Orten, Jahreszahlen. »Aber was aus denen geworden ist, weiß ich nicht.«

»Hast du nie gefragt?«

»Nein.«

»Hast du nie mit irgend jemanden einen Kontakt gehalten?«

»Nein.«

»Warum nicht?«

»Weiß nicht.«

Nach dem Tod meines Vaters habe ich ein Buch geschrieben, über ihn und über mich und unsere verfehlte Liebe, seine vielfachen Ehen und die Orte und Stationen seines Lebens. Ich erinnerte mich und phantasierte über alles, was zwischen uns war, und näherte und entfernte mich von ihm, wie es im Leben nicht möglich gewesen war. Dann veröffentlichte ich das Buch, und, als ob es ein Anruf gewesen wäre, bekam ich viel Post, Antwort sozusagen von den verlorenen Cousins und Cousinen meines Vaters oder deren Kinder, aus England, aus Amerika. Sie hatten alle Kontakt untereinander gehabt und nur die Beziehung zu meinem Vater galt als verloren. Alle schrieben mir nun, wer sie seien und wo sie seien und wann sie meinen Vater das letzte Mal gesehen und worüber sie da gesprochen hatten, wie lange das ungefähr her sei und daß es nie wieder ein Lebenszeichen meines Vaters gegeben hätte, seit er in den Osten gegangen war. Sie schickten mir zusammenhängende Familiengeschichten und Stammbäume und sogar eine silberne Suppenkelle, die von der Ur-Urgroßmutter aus Breslau stammen soll, mit eingraviertem Monogramm FA – Fanny Adler. Die Stammbäume reichen ziemlich weit zurück und ich kann nun wie Peter (und wie alle deutschen Juden), über verschiedene Äste und Zweige meine Verwandtschaft mit Heinrich Heine vorzeigen.

Plötzlich waren nach dem Tod meines Vaters vergangene Generationen wieder auferstanden, die eine zusammenhängende Geschichte erzählten und den Zustand der völligen Unbehaustheit, den mein Vater mir hinterlassen hat, milderten.

In ihrem Zimmer im Altersheim gab es nach dem Tod meiner Mutter wirklich nicht mehr viel zu räumen. Sie hatte so wenig und das Wenige schon zum größten Teil selbst weggeworfen. Sie hatte in ihrem ganzen Leben nichts aufgehoben und aufgehäuft und auch schon in meinem Kinderzimmer alles »Überflüssige« weggeworfen, »schließlich wollen wir ja keinen Trödelladen eröffnen«.

Obwohl meine Mutter eine treue Briefschreiberin war und mit ihren Freunden, die wegen der Emigration über die ganze Welt verstreut waren, korrespondierte (die Briefträgerin fragte wegen der Briefmarken an für ihre Sammlung), hat sie keine Briefe aufgehoben. Ich hatte es ja oft genug gesehen, wie sie einen Brief, den sie eben beantwortet hatte, in kleine Fetzen riß und in den Papierkorb warf. Die Möbel und Kleider gab ich der Gemeinde für die neuangekommenen russischen Juden, ein paar Rechnungen mußten noch beglichen und Benachrichtigungen und Briefe geschrieben werden und dann war schon alles aufgelöst und erledigt und nichts mehr übrig, jedenfalls nichts, was noch rumlag oder rumstand von ihrem Leben. Nur das Kuvert mit den graugrünen Karten vom East Ham Friedhof war da noch, auf denen die Gräber ihrer Eltern angezeigt waren und der ungarische Brief ihrer Mutter, den ich nicht lesen konnte.

Ich nahm sie an mich, so wie sich meine Mutter das wohl gedacht hatte.

Der Friedhof liegt so weit im Osten von London, daß er nicht mal mehr auf dem Stadtplan verzeichnet ist, noch hinter dem East End, wo jetzt keine Juden mehr wohnen, sondern Bengali. Wir essen in einem ihrer unzähligen Restaurants etwas Scharfes, Unbekanntes, und bekommen dazu ein Getränk, das wie Joghurt schmeckt. Nebenan ist die Moschee, die früher eine Synagoge war und davor eine Kirche.

Ich bin mit meinen Kindern gekommen und wir fühlen uns gar nicht fremd in London, wir sind ja nicht gekommen, um etwas zu besichtigen wie in anderen Städten, und wenn man uns fragt, was wir in London machen, sagen wir, daß wir hier zu tun haben, und wenn man uns fragt, ob wir Verwandte haben, sagen wir, ja, nicht direkt, aber irgendwie schon – die Gräber der Großeltern.

Die graugrünen Karten habe ich in der Tasche, Kopien natürlich, damit wir die Originale nicht etwa verlieren. Es regnet in Strömen, wir haben nun doch ein Taxi genommen, sind schon zweimal umgestiegen und haben immer noch nicht den Rand des Stadtplans erreicht. Der Taxifahrer kennt den Friedhof sogar und bringt uns hin. Er ist nicht waldartig und verwachsen wie der in Berlin, sondern ganz kahl, ohne Bäume oder Büsche, nur einfache Grabsteine aufgereiht, und nicht so überkandidelte Mausoleen wie in Weissensee, nur einfache, weiße Steine. Die Namen sind wieder dieselben, die Altmanns, Levys und Salomons liegen hier auch. Alles ist ordentlich und übersichtlich und so finden wir ganz leicht »unsere« Reihe, die Wege zwischen den Gräbern sind so schmal, daß wir nur hintereinander gehen können, wir suchen die Nummer 663, wie sie auf der Karte angezeigt ist, für Irzo Kollman. Die Reihe fängt bei Nr. 640 an, wir laufen die Nummern ab, alle sind da, nur der Stein, den wir suchen, ist nicht da. Wir haben uns vielleicht verzählt und fangen wieder von vorne an. Das kommt uns merkwürdig vor. Dann laufen wir zum anderen Feld rüber, section P, row 14, da ist es wieder dasselbe, alle Nummern sind da, nur 461 nicht, alle Gräber und Grabsteine, einer neben dem anderen, aber den Grabstein von Gisella Kollman, geb. Fürst finden wir nicht. Da, wo er sein müßte, ist nur ein leerer Platz, eine Lücke zwischen den anderen Gräbern, nur Sand, Kies auf einem flachen Hügel, kein großer oder kleiner Stein, gar kein Stein, nur Erde mit einem bißchen Unkraut. »Da ist ja nichts!« ruft mein Sohn, wie bei des Kaisers neuen Kleidern. Ich sage ihm, doch, das Grab das wir suchen ist hier. Hier ist der Platz, wo die Großeltern begraben sind, da unter der nackten Erde liegen sie, da gibt es gar keinen Zweifel, liegen begraben wie Hunde, ohne Grabstein und ohne Namen.

Jetzt verstehe ich den ungarischen Brief und die graugrünen Karten und warum sie meine Mutter 45 Jahre aufgehoben und mir hinterlassen hat.

Von meinem Urgrossvater, meinem Grossvater, meinem Vater und von mir

Manchmal fahren wir mit den Fahrrädern zum Rhein hinunter, das ist ja nur eine Viertelstunde von unserem Haus entfernt. Da gibt es einen Park und einen Weg immer am Rhein entlang, auf der deutschen Seite kann man ihn sogar bis Basel hinaufwandern oder fahrradfahren, aber auf der französischen Seite verliert er sich irgendwo in einer Steppe vor einer Industrieanlage, und wir sind ja auf der französischen Seite. Kurz vor der Steppe haben wir uns auf eine Bank gesetzt und über den Fluß geschaut: Da drüben ist Deutschland. Ich habe zu Peter gesagt, eigentlich wissen wir gar nicht mehr so recht, wo wir nun hingehören, aber Peter hat geantwortet, das ist auch nicht so wichtig, wir gehören eben an unseren Schreibtisch.

Die Bäume rauschen, weil ein Wind weht, auf der Bank neben uns sitzt auch eine Familie, die Kinder spielen Ball. Der Wind trägt den Ball weg, und er fällt vor unsere Füße, wir werfen ihn zurück, und das

Kind wirft ihn wieder her, und so geht es noch ein bißchen hin und her, und wir sprechen erst mit dem Kind, und dann sprechen wir schon mit den Eltern.

Es sind Türken, früher waren sie in Deutschland, jetzt haben sie einen Laden in Straßburg, gar nicht weit von uns, wir müssen mal hingehen.

Wohl an Peters Bart und Mütze haben sie uns als Juden erkannt, und sie fragen uns, ob wir auch ein Geschäft haben.

Nein, daß wir keins haben, sagen wir. Das wundert sie, denn die meisten Juden hätten doch Geschäfte, Uhren, Schmuck und Stoffgeschäfte. Aber es ginge uns doch gut?

Ja, daß es uns gut ginge, ganz gut, das kann man wirklich nicht anders sagen, ja, danke.

Dann fragen sie: Und sagt uns mal, wie habt ihr das eigentlich gemacht mit dem Exil, wie habt ihr das geschafft, so gut zurechtzukommen, so gute Posten zu erwerben, und sogar Reichtum und Macht. Wir sehen uns an, Peter und ich: Reichtum? Macht? Posten? Gut zurechtgekommen?

Mein Urgroßvater David Honigmann war Generalsekretär der Schlesischen Eisenbahn. Die deutsche Sprache hatte er als Vierzehnjähriger mit der Bibelübersetzung von Moses Mendelssohn gelernt, so erzählt er es in seinen Kindheits- und Jugenderinnerungen, die Sprache, die er vorher sprach, nannte er »den Dialekt«, und meinte wohl das Jiddische damit. Sein ganzes Leben hat er sich für die Emanzipation der Juden in Preußen herumgeschlagen, und da er in dieser Schlacht Unterstützung vor allem von Seiten der Liberalen bekam, wurde er selbst ein Liberaler, ein Demokrat und Mitglied in der Deutschen Fortschrittspartei.

Er hat auch bei der 48er Revolution mitgetan. Einmal bekam ich einen Brief aus Jerusalem mit der Anfrage, ob ich eine Nachfahrin von David Honigmann, des Demokraten aus der 48er Revolution sei, und ich habe stolz geantwortet: Ja, das bin ich.

Die neuen Ideen wollte mein Urgroßvater auch auf das Judentum selber übertragen, an dessen versteinerten und autoritären Zustand er sich aus seiner Kinderzeit her noch mit Schrecken erinnerte, er gehörte zu denen, die das deutsche Reformjudentum erfunden und begründet haben.

Er war auch Schriftsteller, ein deutscher Schriftsteller, er schrieb Romane und Novellen in einem eher konventionellen Stil. Er war also kein Heine oder Börne und auch kein Berthold Auerbach, mit dem er eng befreundet war. Er war überhaupt mit allen befreundet, die damals so große Sehnsucht nach der deutschen Kultur hatten. Er schrieb an der Zeitschrift »Der Israelit« mit, er polemisierte gegen die antisemitischen, konservativen Parteien, und er arbeitete als Jurist an Gesetzen und Paragraphen, die den Juden endlich den Eintritt in die preußische Gesellschaft und ihre Gleichstellung ermöglichen sollten. In seinem Nachruf heißt es, daß er ein unerschrockener Vorkämpfer der inneren und äußeren

Emanzipation gewesen war, »entschlossen trat er überall in die Schranken, wo den preußischen Juden Unrecht drohte oder geschah. Er starb als ein treuer Jude, ein guter Deutscher und lauterer Mensch.«

Sein Sohn Georg Gabriel, mein Großvater, beschloß aber dann schon, ganz aus dem Judentum aus- und in die deutsche Kultur einzutreten, er assimilierte sich, bevor noch die vollständige Emanzipation erreicht war, denn er mußte noch ziemlich lange auf seine Berufung zum ordentlichen Professor warten. Er diente der Wissenschaft, wenn auch, wie viele seiner jüdischen Kollegen, nicht unbedingt in ihren etablierten Zweigen im Zentrum, sondern in eher neueren Fächern, am Rande, wie in seinem Falle der Homöopathie und der Medizingeschichte.

An der Universität Gießen sitzt der Lehrstuhlinhaber für Medizingeschichte noch heute unter dem Porträt des Gründers dieses Lehrstuhls, es ist mein Großvater. Er war natürlich auch Herausgeber einer Zeitschrift, die nun allerdings nicht mehr »Der Israelit«, sondern »Hippokrates« hieß und in der er die Medizin in einem ganzheitlichen Sinne zu erneuern versuchte.

Er brachte dem deutschen Vaterland seinen erstgeborenen Sohn Heinrich zum Opfer, den einzigen Bruder meines Vaters. Er fiel im September 1916 als Fähnrich im 5. Badischen Infanterie-Regiment Nr. 113, die Regimentsnummer wußte mein Vater noch sechzig Jahre später auswendig, hier irgendwo, in Frankreich, nicht weit von da, wo ich jetzt lebe. Wenn wir sonntags in die Vogesen fahren, haben wir schon oft schaurige Entdeckungen gemacht, manche Berge sind mit Gräbern übersät, zunächst merkt man es gar nicht, denn da liegen so viele Felsbrocken von rotem Sandstein, aus dem das Straßburger Münster gebaut ist, herum, und erst wenn man genau hinsieht oder sich vielleicht für ein Picknick gerade auf einen solchen Stein setzen wollte, entdeckt man die Inschriften, keine Namen, nur etwa: 2 Französische Krieger; 8 Deutsche Krieger; 6 Franzosen; 2 Deutsche, darunter die Regimentsnummern. Das geht so bis zum Gipfel, da liegen sie alle paar Schritte, als ob die toten Männer jetzt auf immer den Berg hinaufkriechen müßten, in rote Steine verwandelt.

Mein Vater hieß auch Georg, wie sein Vater, und zwar Georg Friedrich Wolfgang. Man sieht schon an diesen Vornamen, daß vom Judentum nichts mehr übrig war, nicht mal ein zweiter oder dritter Vorname. Er promovierte auch, frei nach dem bekannten Witz: Welches ist der häufigste jüdische Vorname in Deutschland? – Doktor!

Mein Vater hat das Judentum nicht mehr verlassen müssen, es war ihm sowieso schon ganz entrückt und entfremdet. Er hatte es vielleicht schon fast »vergessen«, und tatsächlich geglaubt, daß Deutschland seine Heimat und er selbst ein Deutscher sei.

Dieser Glaube war ihm zerbrochen, als er aus der deutschen Heimat in fremde Länder flüchten und sich dort verstecken mußte, aber selbst dort haben die Deutschen noch nach Juden gesucht, wie Kannibalen nach Menschenfleisch. In Abwandlung der von der jüdischen Haskala ausgegebenen Parole, zu Hause Jude und auf der Straße Mensch zu sein, hat sich mein Vater dann selbst ironisiert: »Zu Hause Mensch und auf der Straße Jude.« Als er nach dem Krieg zurückkam, hat allerdings keiner mehr wissen wollen, was Juden überhaupt sind, und hat sich auf der Straße immer wieder fragen lassen müssen, ob er denn Türke, Grieche oder Italiener sei. Er schloß sich der politischen Bewegung an, die ihm »Gleichheit und Brüderlichkeit«, von Freiheit war weniger die Rede, versprach, und die gar keine Rassen und nur noch Klassen zu kennen vorgab und »die Judenfrage« einfach an sich abschaffen wollte: dem Kommunismus. Zwar gab auch er, wie sein Großvater und Vater, Zeitungen heraus, schrieb, wie sie, Bücher, aber das waren »Biographien von Leuten, die ihm möglichst unähnlich waren und die ihn überhaupt nicht interessierten, und die er in einem Verlag veröffentlichte, den er wegen seiner sonstigen Publikationen verachtete«.

Die literarischen Betätigungen meines Vaters hatten nichts mehr von der Euphorie und nicht mal mehr die Illusionen, mit denen sich seine Vorväter in die deutsche Kultur einschreiben wollten. Es war Unterwerfung unter die Partei, Selbstverleugnung seines Judentums und seiner bürgerlichen Herkunft. Für zu Hause blieben Ironie und Distanz, die nur ein anderer Ausdruck für Verzweiflung waren. In einem Tagebuch aus den ersten Jahren nach dem Krieg, das ich nach seinem Tode las, fand ich die Eintragung: »War im Zirkus abends. Gehe traurig nach Hause, weiß doch so gar nicht wo ich bin. Wie der Italiener, der da gerade auftrat und eigentlich aus Rußland kommt. Auch so ein Italiener wie ich.«

Mein Urgroßvater, mein Großvater und mein Vater haben davon geträumt, in der deutschen Kultur »zu Hause« zu sein, sie haben sich nach ihr gesehnt, sich ihr entgegengestreckt und gereckt und unglaublich verrenkt, um sich mit ihr vereinigen zu können. Statt Vereinigung haben sie meistens Ablehnung und Abstoßung erfahren, und meinem Vater ist es dann vergönnt gewesen, den endgültigen Untergang der deutsch-jüdischen Geschichte mit eigenen Augen anzusehen.

Und ich, die Urenkelin des unerschrockenen Vorkämpfers, stand nun da, eine eher erschrockene Nachgeborene, eher ratlos. Nach einigem Nachdenken und Beobachten dachte ich mir, daß ich das jetzt wohl sein lassen werde – das Vorkämpfen und Verrenken.

Ich werde mich lieber trennen, beschloß ich, absondern, am Rande bleiben, in der Entfernung. Am besten in einem anderen Land leben, nur in einer Nachbarschaft zu den Deutschen, ohne Verlegenheit, das wäre schon viel.

Ich zog nach Straßburg, da wohne ich am Rande der Innenstadt, drei Straßen hinter der Grenze, als ob mein Mut nicht weiter gereicht hätte.

Als ich nun in das andere Land gekommen war, wenn auch nur drei Straßen hinter der Grenze, habe auch ich zu schreiben begonnen, oder sagen wir, »richtig« zu schreiben, wie schon mein Urgroßvater, mein Großvater und mein Vater. Ich schrieb, wie sie, natürlich deutsch und veröffentlichte in deutschen Verlagen.

Das war also schon wieder eine Rückkehr, kaum, daß ich abgereist war. Vielleicht war das Schreiben aber auch so etwas wie Heimweh und eine Versicherung, daß wir doch zusammengehörten, Deutschland und ich, daß wir, wie man so sagt, nicht auseinanderkommen können, gerade jetzt nicht, nach allem was geschehen war. Mein Schreiben war im Grunde genommen aus einer mehr oder weniger geglückten Trennung gekommen, wie sich ja auch Liebespaare Briefe in der ersten Zeit der Verliebtheit und dann erst wieder beim Auseinandergehen schreiben. Ich hatte es sogar schon einmal so erlebt: Als ich noch in Berlin lebte, da hatte ich ein paar Theaterstücke geschrieben, und ich hatte sie verfaßt, nachdem ich vom Theater endgültig abgegangen war, weil ich begriffen hatte, daß mein Beruf niemals am Theater und die Welt des Theaters einfach nicht meine Welt sein könnte. Ich schrieb diese Theaterstücke sozusagen als Abschied, damit trotzdem noch irgend etwas zwischen uns bliebe, zwischen dem Theater und mir, damit nicht alle Brücken abgebrochen wären.

Ich hatte mich doch ganz anders aufführen wollen als mein Urgroßvater, mein Großvater und mein Vater, und nun sah ich mich, genau wie sie, wieder auf den Anderen einreden, hoffend, gehört zu werden, vielleicht sogar verstanden, ihn anrufend: Sieh mich an! Hör mir zu, wenigstens fünf Minuten.

Wenn ich es recht bedenke, dann hängt die Kürze meiner Texte mit der Angst zusammen, daß man mir, wenn ich länger redete, gar nicht mehr zuhören würde, daß ich eben nur eine kurze Frist hätte.

Ich begriff, daß Schreiben Getrenntsein heißt und dem Exil sehr ähnlich ist, und daß es in diesem Sinne vielleicht wahr ist, daß Schriftsteller sein und Jude sein sich ähnlich sind, wie sie nämlich vom Anderen abhängen, wenn sie auf ihn einreden, mehr oder weniger verzweifelt. Es gilt ja auch für beide, daß eine zu große Annäherung an den Anderen für sie gefährlich ist, und eine völlige Übereinstimmung mit ihm ihren Untergang befördert.

Im Unterschied zu den Überzeugungen meines Urgroßvaters, meines Großvaters und meines Vaters glaube ich nun nicht mehr daran, daß man, sozusagen wegen guter Führung, vorzeitig aus dem Exil entlassen werden kann. Dabei fällt mir ein, wie meine Freundin, aus Israel zurückkommend, neulich erzählte, sie hätte sich dort gar nicht wohlgefühlt und wisse nicht einmal warum. Meine Freundin stammt aus Libyen, lebte nach der Vertreibung der Juden von dort in Rom, bevor sie dann nach Straßburg heiratete. Später fand sie eine Erklärung: Sie hätte sich in Israel einfach deshalb unwohl gefühlt, weil es dort den Anderen nicht gäbe, auf den bezogen wir doch immer lebten, »ich war ganz verloren, ständig unter meinesgleichen«, hat sie gesagt.

Als ich ein Kind war, hieß es, ich hätte den jüdischen Tick. Das sagten mein Eltern von mir, die selber Juden waren und den Tick hatten, ihr Judentum möglichst zu verstecken. Es zu vergessen war ihnen nun allerdings nicht mehr möglich. Sie lebten unter den anderen nach Marranenart, äußerlich angepaßt und nach innen hingen sie dem »inzwischen undefinierbar gewordenen Ich-weiß-nicht-was von Judentum« nach.

Sie sprachen zu Hause nur »davon«, und draußen allerdings sprachen sie »davon« nie. Und wenn die anderen vom Krieg, von Schlesien, von Ostpreußen, vom Treck, von den Bombardierungen der deutschen Städte und den Greueltaten der Roten Armee erzählten, schwiegen sie. Ich dachte oft, warum darf jeder seine Geschichte erzählen, nur wir dürfen unsere Geschichte nicht erzählen. Damals wußte ich noch nicht, daß es tatsächlich zwanzig Jahre gebraucht hat, bis diese Generation der Überlebenden zu sprechen begann, zwanzig Jahre bis die anderen ihnen zuhören konnten, und daß es diese Zeit nicht nur in Deutschland, sondern auch in allen anderen Ländern, wohin Überlebende zurückkehrten, gebraucht hat, und sogar in Israel war es so. Die Bücher derjenigen, die schon gleich nach dem Kriege ihre Geschichte aufzeichneten, Primo Levi zum Beispiel, blieben zwanzig Jahre lang völlig unbeachtet in den

Buchhandlungen liegen, bis sie Ende der 60er Jahre »entdeckt« und dann erst in riesigen Auflagen wiedergedruckt, verkauft und wohl auch gelesen wurden, gefolgt von einer wahren, bis heute anhaltenden Flut von Romanen, Berichten, Dokumentationen und historischer Forschung.

Aber da ich nun Jüdin war, wollte ich es auch sagen können, und von mir, meinen Eltern und Großeltern erzählen, meine eigene Geschichte eben.

Ich will nicht behaupten, daß der Anfang des Schreibens wirklich etwas zu tun hat mit dem Thema, das beschrieben wird, doch hat wohl jeder, der schreibt, von Anfang an sein Thema, oder besser gesagt: sein Thema hat ihn. Es kommt mir sogar so vor, als ob jeder Schriftsteller, jeder Künstler überhaupt, immer nur ein Thema hat, ein einziges, das er mal besser und mal schlechter versteckt, auch vor sich selbst, um das er sein Leben lang kreist und das er nicht verlassen kann.

Und wenn man sich nun endlich vor das weiße Papier setzt und langsam das Licht von der Finsternis zu scheiden und das Chaos zu ordnen beginnt, dann hat man auch beschlossen, den Anderen anzusprechen, so wie man früher, als man noch ein Kind war, manchmal auf ein anderes Kind zuging und fragte: Willst du mein Freund sein? Man mußte sehr mutig sein, um so einen Antrag zu wagen, denn man fragte ja nicht bloß für ein kleine Freundschaft, für drei, vier Tage, sondern für eine ewige, die Feuer und Wasserprobe überstehen sollte, und man wollte dem Anderen nun die ganze Wahrheit über sich sagen, sich offenbaren.

Welches nun wirklich meine Geschichte war, habe ich nur geahnt, es war eine Geschichte, die von weit her kam und ziemlich alt war.

Es war eine Geschichte, die von vergeblicher Liebe handelte, vom Abstand zwischen großen Erwartungen und der Erfüllung dieser Erwartungen, den riesigen Anstrengungen und Unternehmungen und dem Haschen nach Wind. Es war die Geschichte von den gescheiterten Hoffnungen meines Urgroßvaters, meines Großvaters und meines Vaters und natürlich ebenso von denen meiner Urgroßmutter, meiner Großmutter und meiner Mutter, nur die haben darüber keine Bücher geschrieben. Diese Geschichte ist geprägt von existentiellen Erfahrungen und keinesfalls nur jüdischen, doch sind sie vielleicht in der jüdischen Erfahrung ausgeprägter, katastrophaler.

Mein Urgroßvater, mein Großvater und mein Vater hatten also alle schon deutsche Bücher verfaßt, und ich stehe nun da und mache es ihnen nach, als ob nichts geschehen wäre. Natürlich beurteile ich ihre Werke streng, die meines Urgroßvaters scheinen mir zu pompös, die meines Großvaters zu assimiliert, die meines Vaters zu unterwürfig.

Sie hatten viel geredet und geschrieben, und es war umsonst gewesen. Vielleicht waren es aber die falschen und deshalb vergeblichen Worte gewesen? Und ich müßte nun, wenn ich unbedingt auch wieder schreiben wollte, mit anderen Worten reden, noch einmal anders, ganz von vorne anfangen. Meinen ersten, längeren Prosatext habe ich wahrscheinlich deshalb »Roman von einem Kinde« genannt, obwohl ich nie genau begriffen habe, warum. Dieser Titel kam aus einer reinen Intuition, von der ich nur wußte, daß sie die richtige war. Der Titel bezieht sich eigentlich in keiner Weise auf den Inhalt des Buches, das ja auch kein Roman, sondern eine Sammlung von Prosatexten ist. Er bezieht sich nur auf diese Haltung, noch einmal ganz von vorne anzufangen, wie ein Kind eben.

Vielleicht ist das auch nur eine Rolle. Die Vorkämpfer-Rolle aber ist jedenfalls ausgespielt, und vielleicht könnte sich ja gerade aus der Ratlosigkeit ein neuer Weg öffnen.

Keiner soll denken, daß ich mich bescheiden will, im Gegenteil, auch ich will von den »großen Dingen« sprechen, nur davon, von Exil und Erlösung, aber nicht in der Sprache der Vorkämpfer, die alles wissen und deren Worte ihre Ideen vor sich hertragen, sondern so wie es dem Ratlosen entspricht, der Worte sucht für die verstreuten Erinnerungen und vagen Bilder, die in seinem Innern herumschwimmen. Diese Worte findet er im Alltag, es sind eher die banalen Wörter »aus nichts«, die leicht weggeworfen werden und deshalb sowieso überall herumliegen, man kann sie einsammeln und (im Trend der Zeit) wiederbenutzen.

Das Paradies jedenfalls meiner Vorväter, in den Träumen der besseren Kreise des Breslauer Bildungsbürgertums, scheint mir verschlossen, und ich muß »die Reise um die Welt antreten, und sehen, ob es von hinten irgendwo offen ist«.

Bevor ich »richtig« zu schreiben anfing, und mit »richtig« meine ich, Bücher in bekannten Verlagen zu veröffentlichen, statt Theaterstücke zu schreiben, die nicht aufgeführt werden, hatte ich mich aus dem Osten und aus Deutschland abgesetzt, nach Frankreich, obwohl Frankreich für mich ein fremdes Land war, in dem ich niemanden kannte, keine Bindungen oder besondere Sympathien hatte und dessen Sprache ich nicht sprach.

Ich war ja viel eher anglophil, und auch das nicht aus einer besonderen Kenntnis von und Liebe zu England, nein, einfach weil England das Land war, das meine Eltern aufgenommen und ihnen das Leben gerettet hat, also aus Liebe zu meinen Eltern.

In dieser Hinsicht, ohne besondere Zuneigung oder Abneigung, wurde Frankreich dann doch das Land der Freiheit für mich.

Keiner meiner Vorväter hatte dort jemals gelebt, und es war also leichter, gerade dort noch einmal ganz von vorne anzufangen. Anfangen, eine »richtige« Jüdin und anfangen eine »richtige« Schriftstellerin zu sein, ich könnte auch sagen, wieder anfangen.

Ich glaube, mir über diese beiden Aspekte meines Lebens keine besonderen Illusionen zu machen, über das Judentum nicht und über die Literatur auch nicht. Ich will ja mit ihnen in der Wahrheit und nicht in der Lüge leben, und ich weiß sehr wohl, daß es aus dieser Geschichte von den großen Anstrengungen und dem Haschen nach Wind, kein Entrinnen gibt, nach nirgendwo, und doch sind das Judentum und das Schreiben in dem anderen Land in das Zentrum meines Lebens gerückt. Gerade in der Entfernung, als ob ich erst dort nun endlich anfangen könnte, meine eigene Geschichte zu erzählen, in der mir eigenen Form. Schon deshalb war Frankreich also für mich das »Land der Freiheit«, weil hier niemand auf mich sah, und ich frei von Beobachtung und Beurteilung leben konnte, und nicht der Blick der anderen mir meine Gestalt gab. Daß diese Freiheit vor allem auf dem Desinteresse für den Zugewanderten beruht und oft schwer erträglich ist, will ich gleich hinzufügen, um keine märchenhaften Vorstellungen aufkommen zu lassen.

Irgendwann jedoch hatte ich mich einfach losreißen müssen, aus dem Nest immer vertrauter Menschen, Landschaften, politischer Verhältnisse, der Sprache und der Sicherheit, die ich in alldem fand und von der ich wohl wußte, daß ich sie vielleicht niemals wiederfinden würde.

Vorher, in Berlin, lebte ich inmitten eines Kreises von Freunden, in dem einige, Männer zumeist, schon Schriftsteller oder sonst Künstler waren und deren Begleiterin ich sein durfte. Sie nannten mich manchmal im Scherz die Gertrude Stein vom Prenzlauer Berg, und sie meinten damit, daß ich sozusagen einen Salon hielt, eine Vermittlerin also war, immer disponibel, um die Dichtungen, Theateraufführungen und sonstigen Werke meiner Freunde zu besprechen, zu kritisieren, zu kommentieren und sie zu weiteren Einfällen und Werken zu inspirieren.

Daß ich jüdisch war, paßte natürlich noch besonders gut zu dieser Salonrolle, sie hätten auch »Rahel« vom Prenzlauer Berg sagen können, denn ähnlich wie sie war eben auch ich ganz auf die Rolle der Vermittlerin beschränkt, bestand mein Werk hauptsächlich aus langen Briefen und der Inszenierung unglücklicher Liebesromane. Der »Roman von einem Kinde« war ein Brief über eine unglückliche Liebe und zugleich der Abschied von diesen Inszenierungen und langen Briefen.

Ich hatte meine Rolle natürlich freiwillig und gern übernommen, und ich klage niemanden an, meine verhältnismäßig späte »Befreiung« verhindert oder verzögert zu haben. Ich habe mich erst spät von »meiner Gruppe« trennen oder lösen können, deren Nähe mir Sicherheit und einen Halt gaben und in gleichem Maße Beschränkungen auferlegten, die ich früher oder später abschütteln mußte. Ich hätte es nicht gewagt, mich unter ihren Augen als Schriftstellerin zu deklarieren und, schlimmer noch, tatsächlich zu schreiben und zu veröffentlichen.

Auch deshalb mußte ich fortgehen und mich auf das schwierige Abenteuer einlassen, in einem anderen Land zu leben, auch wenn es nur drei Straßen hinter der Grenze ist.

Wir sitzen also auf der anderen Seite des Rheins und gucken nach Deutschland rüber, nach drüben, wie es in der DDR so lange hieß. Inzwischen hat sich der Wind gelegt, das türkische Kind will unbedingt weiter mit uns Ball spielen. Ich gehe ein Stück und spiele mit ihm, nicht weil ich mich danach reiße, mit fremden Kindern Ball zu spielen, sondern weil ich es weniger anstrengend finde, als seinen Eltern zu erklären, warum wir kein Geschäft haben, ihnen ihr Bild von den Juden zurechtzurücken, das offensichtlich genauso schief hängt wie unseres von ihnen, all die Mißverständnisse, die sich zwischen uns türmen, ausgerechnet heute nachmittag auszuräumen, und ihnen die ganze Geschichte zu erzählen, von meinem Urgroßvater, meinem Großvater, meinem Vater und von mir.

Hinter der Grande Schul

Yael Abramowicz ist sechsundzwanzig Jahre alt und unterrichtet an einer Straßburger Berufsschule Französisch. Ihr Großvater ist in den zwanziger Jahren aus Polen weggewandert und auf seinem Weg nach Westen, eigentlich wollte er ja bis Amerika kommen, in Ingwiller hängengeblieben. Er war ein armes Schneiderlein, aber besser als in Polen war es allemal, auch wenn die Begrüßung durch die elsässischen Glaubensbrüder nicht so grandios war und man sich als »Hergelaufener« bezeichnen lassen und in der Synagoge in der letzten Reihe sitzen mußte. Nicht sehr viel später, auf der Flucht vor den Nazis ins Innere Frankreichs, waren sie dann alle gleich und auch die letzten hatten es begriffen, daß es keine Rangunterschiede gab. Eine Einsicht, die zwanzig Jahre später wenigstens dazu beigetragen hat, den aus Nordafrika geflohenen Juden einen besseren Empfang zu bereiten.

Gegen Ende des Krieges konnte Großvater Abramowicz seinen Sohn in ein Kinderheim in die

Schweiz schicken, er selbst überlebte mit seiner Frau im Limousin, weil ein mutiger Bürgermeister jede angekündigte Razzia vorweg meldete, so daß die Juden genug Zeit hatten, sich zu verstecken, was im Nachbardorf nicht der Fall war – der dortige Bürgermeister hatte andere Überzeugungen. Daß Großvater Abramowicz von seinen Eltern und dem Rest der Familie aus Polen nie wieder ein Lebenszeichen bekam, braucht man ja nicht zu erwähnen. Nach dem Krieg kehrten die Abramowicz nach Ingwiller zurück, wie das alle Juden aus dem Elsaß taten, im Gegensatz zu denen aus Deutschland und Österreich. Sein Sohn wurde auch Schneider, auch in Ingwiller, und eröffnete dort sogar einen Salon, aber seine Tochter Yael schickte er nach Straßburg auf die Ecole Aquiba, und nach dem Tod des Großvaters hat sich die Familie dann ganz in Straßburg angesiedelt.

Vater und Tochter sprechen ganz gut Deutsch, und Yael verehrt Goethe, Kafka und Peter Handke, aber über die deutsche oder österreichische Grenze würde sie nie einen Schritt tun.

Das war eine der ersten Lebensgeschichten, von so vielen, die ich hier hörte, als ich vor vielen Jahren aus Berlin nach Straßburg kam. Ostberlin war eine jammervolle Diaspora, und Straßburg mit seinen 15 oder 20 000 Juden, keiner weiß die Zahl so genau, war ein Jerusalem.

Dabei ist Straßburgs jüdische Gemeinde bei weitem nicht die größte in Frankreich, nach ihrem Bevölkerungsanteil jedoch leben hier so viele Juden wie in Berlin oder Wien vor dem Krieg. Aber wenn es auch eine lebendige Gemeinde, mit allem, was dazugehört ist, mit Kindergärten, Schulen, Geschäften, Pizzerias, Sportclubs und zig Betstuben – in Paris gibt es von all dem natürlich noch viel mehr.

Eine Ironie der Geschichte will es, daß gerade im »quartier allemand«, wo früher Kaiser Wilhelms Beamte wohnten, nun die Juden in großer Zahl eingezogen sind, so daß die ganze Gegend hinter der großen, consistorialen Synagoge, hier »Grande Schul« (geschrieben Grande Choule), genannt, bis hoch zum Boulevard Clemenceau heute zum »quartier juif« geworden ist, oder wie es manche mit Humor nennen: das Ghetto. Die Gegend zwischen Orangerie und Esplanade, wo wir wohnen, die erst ein wenig später zum »quartier juif« geworden ist, wird folgerichtig »das zweite Ghetto« genannt.

Für mein neues Straßburger Leben hatte ich mir eine Legende zurechtgelegt, nach der ich nämlich gar nicht her-, sondern vielmehr hierher zurückgekommen bin, da eine meiner Großmütter eine geborene Weil war, und ja jeder weiß, daß alle Weils in allen Schreibweisen aus dem Rheintal kommen, und ich also in dieser Linie meiner Familie von dort stamme. Unter den jüdischen Namen im Elsaß wird der Name Weil in seiner Häufigkeit, auch heute noch, nur von dem Namen Levy, allerdings bei weitem, übertroffen, dicht gefolgt von Kahn und Dreyfuß. Der Wunsch »dazuzugehören« kommt wahrscheinlich von meiner Vorstellung vom elsässischen Judentum als etwas Besonderem. Keine andere jüdische Gemeinschaft hat so lange in ein und derselben Landschaft gelebt. Nicht, daß man sich Illusionen machen soll und denken, daß es hier immer friedlich zugegangen wäre – ganz im Gegenteil, den elsässischen Juden ist im Laufe der Jahrhunderte nichts erspart geblieben, kein Scheiterhaufen und keine Schikane, und auch die Vertreibung aus den Städten nicht, aber sie haben sich dann in dem umliegenden Land angesiedelt, wurden auch dort bedrängt und eingeschränkt, aber haben sich doch irgendwie durchmogeln können, wenn auch oft in erbärmlichem Elend.

Und als der große Tag der Judenemanzipation, durch Dekret der französischen Nationalversammlung, gekommen war, stellte es sich heraus, daß es gar keine französischen und nur elsässische Juden gab, wenn man einmal absieht von der Handvoll Juden, die in Avignon unter dem Schutz des Papstes, und den Sefardim, die in Bordeaux gelebt haben.

Heute sind sie natürlich, und seit dem letzten Krieg besonders, richtige Franzosen geworden und haben sich seitdem auch mit polnischen und sefardischen Juden verheiratet und vermischt. Es ist schon auffällig, wie viele verschiedene Sprachen in den Familien gesprochen werden und wie die Herkunft sich oft über viele Länder und gar Kontinente verzweigt.

Aber es gibt auch noch richtige Elsässerjuden und sogar noch deren traditionellen Beruf, Viehhändler. »Behemeshändler« heißt das in ihrem judeo-elsässischen Dialekt. Die große Mehrheit der elsässischen Juden sind nun aber auch reine Stadtmenschen geworden, und ihre Vorfahren, die Landjuden, liegen auf den Friedhöfen am Rande der elsässischen Dörfer, die ältesten gehen bis auf das 16. Jahrhundert zurück. Aus dem Mittelalter haben nicht einmal die Steine überlebt.

Es heißt oft, ich sei an einen Ort mit einer besonders orthodoxen Gemeinde ausgewandert, das ist eine Legende, und zwar in jeder Hinsicht. Es gibt in Straßburg eine starke und intakte Orthodoxie, aber wie überall befindet sich auch hier die Mehrheit der Leute in der Mitte, und ich befinde mich eher am Rande dieser Mitte. »Traditionell« oder »praktizierend« wird das genannt, und es ist der Versuch, irgendwo zwischen ganz orthodox und ganz assimiliert den jüdischen Teil seiner Existenz lebendig zu halten, ihm einen Sinn zu verleihen, und sich schließlich durchzuwursteln. Gott sei dank ist ja auch immer was los. Denn dafür sind sie gerade gut, alle die Beschneidungen, Bar-Mitzwas, Hochzeiten und sonstigen Feste. Und manchmal ist es eben auch eine Célébration zum zweihundertsten Jahrestag der Judenemanzipation, bei der man sich ein bißchen im Mittelpunkt fühlen kann, aber von der inzwischen auch schon manche sagen, daß sie den Juden vielleicht nicht nur Gutes gebracht hat.

MEINE SEFARDISCHEN FREUNDINNEN

Es ist Sonntagabend, 20 Uhr 30, vor dem Haus hupt Sophie. Ich schnappe meinen Band »Exodus« mit Kommentar von Samson Raphael Hirsch, Brille und Schlüssel und springe in ihr Auto. Wir fahren bloß um ein paar Ecken zu unserem Kurs bei Michou. Später, auf dem Rückweg, wird mich Sophie wieder vor meinem Haus absetzen, zwischen elf Uhr und Mitternacht.

Als ich vor vielen Jahren Sophie das erste Mal gesehen habe, war ich direkt schockiert darüber, wie sehr sie meiner Mutter ähnelt. So klein, so schmal, so dunkel, mit wild in die Luft stehendem Haar, ist immer sehr schnell aufgeregt, tut alles immer etwas übertrieben und sieht von weitem wie ein 12jähriges Mädchen aus, weil sie so kurze Kleider trägt. Meine Mutter stammte aus Wien, und Sophie kommt aus Algerien, aus einer alten, großen, wohlhabenden Familie, so groß, daß sie dort in Algerien eigentlich nur untereinander verkehrt und meistens auch nur untereinander geheiratet haben, und das Schlimmste an der Vertreibung nach Frankreich, sagt sie, sei eigentlich das Auseinandergetriebensein der Familie über so viele Städte, ja Kontinente, gewesen. Sophies Eltern hätten sich durchaus als Franzosen gefühlt, und deshalb sei ihnen die »Heimkehr« nach Frankreich nicht wirklich schwergefallen, nur daß sie sich hier in Provinzstädten wiederfanden, die ihnen ärmlich und lächerlich vorkamen im Gegensatz zu dem reichen, riesigen Algier, in dem sie vorher gelebt hatten. Sophies Großmutter, die schon 96 ist, versammelt jeden Sommer die ganze Familie in Trouville am Meer, in einem Hotel, da mietet sie eine ganze Etage, und alle Geschwister, Cousins und Cousinen und deren Männer, Frauen und Kinder verbringen dort den Sommer zusammen, darauf ist die Großmutter ganz stolz, wenn sie alle um sich herum hat, und möglichst vollzählig.

Sophies Vater hat als Soldat die Landung der Alliierten 1944 in der Provence und dann den Rest des Krieges bis nach Deutschland hinein mitgemacht, davon hat er oft und ausführlich erzählt. Von der Judenverfolgung, Judenermordung und Auschwitz wurde nie gesprochen, sagt Sophie.

Sophies Kinder sind blond und ziemlich kugelrund, das haben sie von ihrem Vater, Philippe, der aus Metz stammt, seine Eltern aus Polen. Philippe fährt mit den kugelrunden Kindern in den Winterferien in die Berge skifahren, in ein koscheres Hotel. Sophie bleibt zu Hause, denn sie haßt die Berge und sie haßt den Schnee. Sie liebt nur das Meer und die Hitze.

Auf dem Rückweg vom Kurs, wie gesagt, setzt mich Sophie wieder vor meinem Hause ab, dann bleiben wir oft noch eine Weile im Auto in der Dunkelheit sitzen und reden noch ein bißchen, Alltäglichkeiten meistens, die Zahnspangen der Kinder, das Programm der nächsten Woche, ob man Pessach dableibt oder wegfährt. Aber einmal sagte sie, und sah in der Dunkelheit, im Profil, meiner Mutter wieder so ähnlich, daß sie eigentlich von jedem folgendem Tag nur das Schlimmste erwarte, daß sich das Gute zum Schlechten, glückliche Verhältnisse in eine Katastrophe verwandeln und alles zusammenbrechen, alles zu Ende sein könnte, jede Sicherheit und Gewißheit des Lebens, und vielleicht nicht einmal ein Übergang markiert wäre. Dann hat sie vor sich hin hingeguckt, und ich habe auch vor mich hin hingeguckt, und dann haben wir beide geseufzt und sind noch ein paar Minuten schweigend nebeneinander sitzengeblieben, aber dann haben wir uns umarmt und à bientôt gesagt, ich habe meinen Wohnungsschlüssel herausgesucht, bin ausgestiegen, und sie hat noch, so machen das alle hier, gewartet, bis ich wirklich in die Haustür eingetreten war, dann habe ich noch einmal gewinkt und sie ist abgerauscht.

Seit über zehn Jahren schon treffen wir uns, meine vier Freundinnen und ich, an einem Abend zu unserem Torakurs. Die Tage der Woche haben in den Jahren gewechselt und die Wohnungen auch, und jetzt sitzen wir eben am Sonntagabend in Michous Küche. Wenn uns jemand fragt, wer gibt euch denn euren

Kurs, sagen wir, daß wir ihn uns selber geben, und kichern, denn sehr gelehrte Frauen sind wir ja gerade nicht, jedenfalls nicht, was die Torakenntnis anbelangt, deswegen eben wollen wir sie ja studieren, nicht unbedingt zur Belehrung, eher ist es ein Wunsch nach Berührung mit dem Text, in einer vagen Suche nach Bedeutung. Da sitzen wir dann um den Tisch herum, jede hat einen Chumasch, also den Text der Bibel selbst, eine französische Übersetzung, ich habe allerdings die deutsche von Hirsch, und verschiedene Kommentare vor sich. Die Kommentare lesen wir uns gegenseitig vor, wenn wir darin etwas finden, das uns interessant erscheint; natürlich den von Raschi, der sowieso immer knapp ausfällt, und zwar je knapper, um so rätselhafter der Text ist, wie wir schon oft bedauert haben, und Michou hat noch zusätzlich ein Wörterbuch vor sich. Zuerst liest also reihum jede einen hebräischen Satz, dann übersetzen wir ihn auf französisch und suchen nach Kommentaren und bringen natürlich auch unsere eigene Meinung an, die meistens eine Verwunderung ist, denn je näher wir dem Text kommen, desto unklarer erscheint er uns, und, fortschreitend, finden wir uns von einem Verstehen immer nur weiter entfernt.

Unserer unterschiedlichen Lebenswege und Herkunft wegen schwirren mehrere Sprachen in Michous Küche herum, wir finden manchmal erstaunliche Ähnlichkeiten oder Unterschiede eines Wortes, eines Ausdrucks oder einer Wendung zwischen dem Hebräischen und dem Französischen, Italienischen,

Arabischen, Deutschen oder Elsässerjiddischen, und weil Michou Spanischlehrerin ist, auch noch dem Spanischen.

Damals, vor über zehn Jahren, haben wir mit unserem Torastudium einfach vorne angefangen, bei *Bereschit bara Elokim*, also bei der Erschaffung des Himmels und der Erde, und jetzt, mittlerweile, nachdem wir lange Knechte in Ägypten waren, irren wir irgendwo in der Wüste herum, im zweiten Buch Moses, am Fuße des Horeb zwar schon, während Mosche gerade den Berg hochsteigt, »aber die siebzig Ältesten lagerten unter dem Fuß und sie schauten Gottheit an und aßen und tranken«. Als wir diesen Satz gelesen und übersetzt hatten, waren wir wieder einmal froh, Juden zu sein und eine Religion zu haben, in der wir Gott nicht in der Askese und auch nicht in der Ekstase suchen müssen, sondern im normalen Leben. Wie es an einer späteren Stelle heißt, daß die Tora nämlich nicht entrückt und nicht fern, nicht im Himmel und auch nicht über dem Meer zu finden sei, sondern nur ganz nahe bei uns.

Hier, in Michous Küche, sitzen wir auch am Fuße eines Berges und essen und trinken, der Berg besteht aus Kuchen und Küchlein und den kleinen marokkanischen Kringeln, rosquitos genannt, die Michous Mutter immer als »nicht gelungen« vorbeibringt, und wir fragen uns jedesmal, wie wohl die Gelungenen erst schmecken müssen.

Da versammeln wir uns also, fünf Frauen, in Michous Küche. Zwei von uns sind aschkenasisch und drei sind sefardisch. Die Länder unserer Herkunft sind Frankreich, Libyen, Algerien, Marokko und Deutschland. Wir haben alle studiert, wir haben alle einen Beruf, wir sind alle verheiratet. Und wir sind alle immer ziemlich überlastet. Wir haben zusammen vierzehn Kinder. Zwei haben vier und drei haben zwei. Insgesamt acht Mädchen und sechs Jungen. Das älteste Kind ist zwanzig, das ist mein Sohn, und das jüngste ist sechs, es ist Michous Tochter.

Wir praktizieren unser Judentum in einer Weise, die wir »koscher light« nennen, und wir grenzen uns deutlich von denen ab, die eine Pilgerfahrt nach Jerusalem oder nach Auschwitz unternehmen müssen, um sich als Juden fühlen zu können.

Michou ist die Jüngste von uns, aber sie ist Witwe. Ihr Mann war der Rabbiner von Venedig und zuletzt von Triest, deswegen hat sie die Jahre ihrer Ehe in Italien gelebt und deswegen liegt vor ihr auch das hebräisch-italienische Wörterbuch, und da sie es ist, die die Wörter nachschlägt, hören wir sie erst einmal auf italienisch. Nach dem Tod ihres Mannes ist sie nach Straßburg zurückgekehrt, wo ihre Eltern leben und wo sie noch Freunde von früher hat, aber sie hat natürlich jetzt auch Freunde und die Familie ihres Mannes in Italien und deshalb lebt sie noch immer ein bißchen zwischen den Ländern. Michous gestorbener Mann ist derjenige von unseren Männern, der am meisten anwesend ist, Rafi meinte, Rafi hat erzählt, als ich einmal mit Rafi ..., sagt Michou oft und erzählt etwas von Venedig oder Triest und ist traurig.

Meistens ist sie aber sehr stark, »was bleibt mir anderes übrig«. Sie steht jeden Tag um fünf Uhr morgens auf, »weil ich sowieso nicht schlafen kann«, und weil sie sonst nicht alles bewältigen würde, schließlich hat sie eine volle Stelle an der Ecole Aquiba, und die vier Töchter und den Haushalt, in dem, völlig übertriebenerweise, immer alles tipptopp sein muß, und weil das nicht genug ist, hat sie noch einen Verein namens »Sierra« gegründet, mit dem sie einem Dutzend Jugendlichen in Mexiko, aus den Bergen, zum Studium ins Tal verhilft. Früher ist sie einmal lange in Südamerika herumgefahren, und aus dieser Zeit hat sie sich auch noch ein paar revolutionäre Ideen bewahrt, über die wir uns manchmal streiten, einmal haben wir uns sogar angeschrien, aber es stimmt schon, mit ihrer unerschöpflichen Energie hätte sie tatsächlich sehr gut zu einer Heldin welcher Revolution auch immer getaugt. Nun bahnt sie sich einen leuchtenden Pfad zwischen Kochtopf, Waschmaschine, ihren vier Töchtern und den Spanischarbeiten, die zu korrigieren sind, und Schabbat muß auch noch vorbereitet werden.

Die vier Töchter sind immer schon im Bett, wenn wir in der Küche erscheinen, Michou achtet streng darauf, daß die Mädchen uns nicht bei unserem Kurs stören, aber natürlich taucht manchmal doch eines auf, wegen irgendeines Problems, und schielt auf unseren Tisch, auf unsere aufgeschlagenen Bücher zwischen Teetassen und Küchlein, und fragt sich wohl, ob das nun ernst ist oder nicht, ob wir wirklich studieren oder bloß Tee trinken und schwatzen. In der ganzen Stadt ist unser Kurs ein bißchen geheimnisumwittert, schließlich treffen wir uns schon seit über zehn Jahren, und die eine oder andere Anfrage, ob man vielleicht dazukommen könnte, hat es schon gegeben, aber das haben wir jedesmal abgelehnt, weil wir »unter uns« bleiben wollen. Das hat unserem Kurs ein paar Eifersüchte und einen Hauch von Exklusivität verschafft, so daß ich mich manchmal frage, wieso denn ich zu der Ehre komme, dazugehören zu dürfen.

Bis heute bin ich wohl unter meinen Freundinnen so etwas wie ein bunter Vogel, ich gehöre nicht ganz in der gleichen Art zu ihnen, wie sie zueinander gehören, und ich habe mich oft gefragt, warum das so ist. Weil sie mich erst viel später kennengelernt haben, während sie sich untereinander schon so lange kennen. Weil ich nicht perfekt Französisch spreche. Weil ich einen etwas anderen Beruf habe als sie, eine Künstlerin bin. Weil ich aus dem Osten komme, den sie nicht kennen, oder aus Deutschland, das sie auch nicht kennen und nicht betreten. Wahrscheinlich ist es ja eine Mischung aus alldem, und es macht, daß ich manchmal ärgerlich und oft eifersüchtig bin, eine kindische Attitüde, aber ich habe mich nicht davon befreien können, bis heute nicht. Sie haben, glaube ich, nie wirklich verstanden, ob ich nun aus Berlin oder aus Wien stamme, denn wenn sie früher manchmal meine Mutter trafen, dann war die ja aus Wien gekommen, ich aber sprach immer von Berlin. In jedem Falle macht ihnen das wenig Unterschied, da sie sich bei der Erwähnung beider Städtenamen sowieso vor Ekel schütteln, es sind ihnen die entferntesten und unbetretbarsten Orte, die sie sich überhaupt vorstellen können, und jede von meinen Freundinnen hat irgendein grauenhaftes Erlebnis von einem ungewollten, unvermeidlichen Transit durch Deutschland oder Österreich zu erzählen, von dem sie heute noch ein Würgen im Hals spüren, meinen sie. Und wenn ich sage, aber in den arabischen Ländern war es doch auch nicht so lustig, winken sie bloß ab und sagen, das ist eine ganz andere Geschichte.

Gestern habe ich in Berlin angerufen. Jedes Jahr an diesem Tag rufe ich an, weil es der Geburtstag meiner allerältesten Freundin Corky ist, mit der ich schon im Kindergarten war, und unsere Eltern waren auch schon befreundet. Alle anderen Berliner Freundinnen waren auch da, ich habe sie im Hintergrund sprechen und lachen gehört, sie sind dann eine nach der anderen ans Telefon gekommen, hallo, Babu, wie gehts. Sie haben da zusammengehockt, wie wir schon immer zusammenhocken, nur daß ich seit Jahren nicht mehr dabeihocke, aber vergessen haben wir uns natürlich nicht, denn wir telefonieren und schreiben uns, und seit die Mauer gefallen ist, können wir uns endlich auch wieder besuchen, und dann ist es gleich wieder, wie es immer war, wir reden so viel, bis uns schwindlig wird. Gleich beim Aufstehen fangen wir an, noch im Nachthemd, vor dem Frühstück, beim

Frühstück, beim Aus-dem-Haus-Gehen, beim Spazieren, Stadt besichtigen, Einkaufen, Essengehen, Autofahren, Wieder-nach-Hause kommen, aufs Sofa setzen, Teetrinken, Weiterreden, Weiterreden, und manchmal fragen wir uns, ob wir wohl einen Weltrekord aufstellen wollen und woher sich bloß diese Redeströme speisen, jedenfalls versiegen sie nie.

Meine sefardischen Freundinnen sind, ich höre nicht auf zu vergleichen, immer nur ein Schatten meiner Berliner Freundinnen geblieben, und meine ganze Existenz hat nie aufgehört, ein Leben zwischen hier und dort zu sein, eine Art Doppelleben, oder ein Zwiespalt zwischen meinem Jüdischsein hier und meiner Arbeit dort, in beidem fühle ich mich an beiden Orten jeweils nicht verstanden oder nicht einmal wahrgenommen, und eigentlich ist es sogar ein dreifaches Leben, wenigstens am Rande berühre ich ja drei Kulturen, die französische, die deutsche und die jüdische nämlich, und wenn es ein guter Tag ist, fühle ich mich bereichert und denke, daß ich Glück habe, an drei Kulturen teilhaben zu können, und wenn es ein schlechter Tag ist, fühle ich mich zwischen allen Stühlen sitzend und verstehe gar nichts.

Liliana war zwölf Jahre alt, als sie mit ihren Eltern und ihren Geschwistern aus Libyen fliehen mußte. Sie spricht ziemlich oft von Libyen und Tripolis, obwohl das wirklich keine Auswanderung, sondern eben eine Flucht, eine Vertreibung war. Die Juden hatten 24 Stunden Zeit, um ihren Abschied zu nehmen, und auf der Fahrt zum Flughafen hat sich Liliana mit ihren Geschwistern auf den Boden des Autos kauern müssen, weil die Araber mit Steinen nach ihnen warfen. Nur das, was sie auf dem Leibe trugen, haben sie mitnehmen können. Mein Vater ist an dieser Flucht zerbrochen, hat Liliana gesagt, er hatte immer gehofft, noch einmal zurückkehren zu können, um sein Geschäft und sonstige Angelegenheiten wenigstens aufzulösen, aber das war eine Illusion, und er ist dann bald in Rom gestorben, an gebrochenem Herzen sozusagen. Wie mein Großvater, habe ich ihr gesagt, der auch gleich in London gestorben ist, nachdem er endlich aus Wien heraus war. Das sind die, von denen gar keiner spricht, auch die eigene Familie nicht. Alle libyschen Juden sind damals von Italien aufgenommen worden, und Liliana hat in Rom die Schule beendet und dann Psychologie studiert und darin promoviert, bevor sie nach Straßburg zog, wegen Michel, ihrem Mann. Sie sprechen mit den beiden Töchtern Italienisch, Lilianas Schwester Simcha in Zürich hat mir aber erzählt, daß die älteren Geschwister mit der Mutter manchmal noch Arabisch reden, während Liliana, die die Jüngste ist, sagt, daß sie Arabisch zwar noch verstehen, aber nicht mehr richtig sprechen kann. Als ich ihre Schwester gefragt habe, ob sie sich vielleicht als Italienerin fühlt, hat sie bloß gelacht, Liliana dagegen sagt, daß sie es nicht weiß, es sei die doppelte Entwurzelung, die sie am meisten spüre und das sei ein Schmerz, der nie nachgelassen habe und dann hinzugefügt, einmal wurzellos – immer wurzellos, und hat ihr schreiendes Lachen gelacht.

Liliana und ich haben im Französischen einen Akzent, und die anderen machen sich manchmal über uns lustig, weil wir die letzten nasalierenden Feinheiten einfach nicht hinkriegen und noch nicht einmal hören können, und natürlich machen wir uns vor allem zum Gespött unserer Kinder, die sich vor ihren Freunden in Grund und Boden schämen müssen, wegen unseres Akzents und unserer Fehler, aber dann sagen wir ihnen, jetzt hört einmal gut zu, ihr seid und bleibt Kinder von Einwanderern. Basta.

Liliana ist es auch, die immer wieder, auf die eine oder andere Weise, die Frage stellt: Was, glaubt ihr, ist eigentlich der Unterschied zwischen Exil, Entwurzelung und Heimatlosigkeit?

Wie gesagt, es ist eine eher schwierige Freundschaft, die uns verbindet. Mit jeder von ihnen – Liliana, Sophie, Danielle und Michou – bin ich auf jeweils unterschiedliche Weise befreundet, aber den Platz, den ich unter meinen Freundinnen habe, kann ich nur schwer bestimmen, es ist, als ob ich ewig die Neue bleiben müßte, und manchmal fühle ich mich sogar ein bißchen als die traurig Verliebte, die ewig werben muß, und frage mich, ob sie mich denn, wenn ich mein Werben aufgeben und sie verlassen würde, überhaupt vermißten? Außerhalb des Kurses sehen wir uns gar nicht so oft, obwohl wir uns natürlich gegenseitig mit unseren Familien zu Schabbes und Feiertagen und zu den Bar- und Bat Mitzwas unserer Kinder einladen, doch das ist wieder etwas ganz anderes. Als ich jedoch einmal ein paar Monate weit weg, in Amerika war und der Kurs ohne mich weiterging, fühlte ich meine Freundinnen plötzlich in größerer Nähe, es war wie ein kleiner Abschied zur Probe, und sie schienen mir etwas beunruhigt darüber, und sie haben mir geschrieben, »dein Platz ist leer geblieben, wir warten auf dich, du fehlst uns«.

Es gibt eine Verbundenheit zwischen uns, die ich schwer erklären kann, gerade weil sie so offensichtlich ist. Sie kommt aus der physischen Ähnlichkeit, die ich unter meinen Freundinnen gefunden habe und die mir eine Art Entspannung und sogar so etwas wie eine Befreiung gebracht hat, die Befreiung nämlich von einem körperlichen Gefühl der Fremdheit zwischen anderen, mir unähnlichen Körpern und Gesichtern, zwischen denen ich mein ganzes Leben vorher verbracht hatte und in denen ich mich nicht spiegeln konnte. Im Gegenteil, sie warfen mir andauernd nur meine Zugehörigkeit zu dieser Minderheit zurück, deren Gesichter und Körper zum Bild der Verfolgung schlechthin geworden waren, ich weiß nicht, wie viele Male ich in meiner Kindheit gehört habe: Du siehst aus wie Anne Frank, und das war schließlich ein Kind, das man umgebracht hatte.

Unter meinen Freundinnen hier bin ich nun endlich nicht mehr »die kleine Schwarze«, bin gar nicht mal besonders klein, und sogar fast blond neben

Michou und Liliana, und lebendig sind wir sowieso. So fühle ich eine Vervielfachung und Spiegelung meiner selbst, also etwas Verwandtschaftliches, und das macht, daß ich eine kleine, körperliche Erlösung oder wenigstens eine Entkrampfung finde.

Wir fragen uns oft, was es denn eigentlich auf sich hat, mit unserem Stamm, unserem Volk, dem wir gegen oder zumindestens ohne unseren Willen zugehören, und mit seinem Gesetz, welchen Sinn wir darin finden könnten, und ein bißchen suchen wir danach ja auch in dem Buch, das wir studieren, weil wir sonst vielleicht ewig nur weiter zwischen dem Stolz und dem Überdruß navigieren, die keiner Wirklichkeit standhalten.

Danielle ist nicht nur aschkenasisch, wie ich, sondern kommt aus einer elsässisch-jüdischen Familie. Sie stammt also als einzige von uns wirklich von hier. Ihre Eltern haben den Krieg, wie die meisten elsässischen Juden, in verschiedenen Verstecken im Innern Frankreichs überlebt und sind dann nach dem Krieg ins Elsaß zurückgekehrt. Manche haben dann um ihre alten Wohnungen Prozesse führen müssen, für andere haben Nachbarn alles aufbewahrt, Wohnung und Einrichtung und sogar die Gläser mit der eingemachten Konfitüre. Danielles Vater war ein bekannter Kardiologe, aber, weniger bekannt, auch ein Verfasser und Sammler in der kleinen Literatur dieses seltenen und aussterbenden Dialekts des Elsässerjiddisch. Danielle ist also hier geboren und hat ihr ganzes Leben hier verbracht, was ihre Mitschülerinnen nach dem bestandenen Abitur nicht abgehalten hat zu fragen, »und nun, gehst du wieder zurück?«, dabei ist sie, wie gesagt, jahrelang mit diesen Mädchen zusammen zur Schule gegangen, nur am Samstag hat sie nicht geschrieben, sondern bloß dagesessen und zugehört, wie das alle jüdischen Kinder aus den sogenannten »traditionellen« Familien getan haben, so hat sie es mir erzählt. Das elsässische »traditionelle« Judentum ist nämlich von einer ganz eigenen Art, es war in religiöser Hinsicht nie so streng wie das polnische oder überhaupt östliche (Chassidim hat hier niemand je auch nur von weitem gesehen), aber es war auch nie so assimiliert und liberal wie das deutsche; es war ja auch ein ländliches, kein städtisches Judentum. Erst nach dem Krieg ist es wieder in die Stadt zurückgekehrt, nach ein paar hundert Jahren erzwungenen Aufenthalts auf dem Lande und da hatte sich sowieso alles verändert, und die einschneidendste Veränderung war dann wahrscheinlich die Ankunft der Juden aus Nordafrika. Danielle hat eine Menge kurioser Geschichten zu erzählen von dieser Begegnung unter entfernten Verwandten. An manchen Stellen gibt es noch immer ein fasziniertes Unverständnis füreinander, zum Beispiel über den unterschiedlichen Charakter, den die doch gleichen Feste bei den Sefardim oder bei uns annehmen, und wir weisen uns dann gegenseitig auf die Einflüsse und offensichtlichen Annäherungen an die christliche oder islamische Umwelt hin, in der wir eben jahrhundertelang gelebt haben, in Sefarad oder Aschkenas.

Wenn wir uns nach den Feiertagen wieder zu unserem Kurs treffen, dann erzählen wir uns natürlich erst einmal ausführlich, wie alles gewesen ist, besonders nach Jom Kippur, wie wir das lange Fasten überstanden haben, wann es einem schwindlig wurde, in welchem Augenblick die Migräne kam und was man vorher und nachher gegessen und getrunken hat. Und wenn Danielle und ich von unserem Kniefall sprechen, wie wir da nämlich mit dem Gesicht im Staub liegen, an der Stelle, wo, als der Tempel noch stand, der Cohen Gadol in das Heiligste des Heiligen eingetreten ist, um bei diesem einzigen Mal »den Namen« auszusprechen, wie wir es also, einmal im Jahr, genauso tun, wie sie es damals in den Sälen, Räumen und Höfen des Tempels getan haben, dann sehen uns unsere sefardischen Freundinnen bloß entsetzt an, mit aufgerissenen Augen und deutlich angewidertem Gesicht. Das hätten sie schon gehört, daß es bei den Aschkenasim so geht, aber gesehen hätten sie das noch nie, und wünschten auch nicht, das jemals mit ansehen zu müssen. Wie die Christen und Moslems! Auf die Knie – niemals!

In den Wochen und zunehmend in den Tagen vor Pessach allerdings schmiedet uns das allgemeine Los der jüdischen Hausfrau wieder um so fester zusammen, wenn wir nämlich auch noch den allerletzten Krümel Sauerteig aus dem Haus putzen müssen, und obwohl uns unsere Männer dabei helfen, finden wir

78

sie jedesmal etwas fordernd, was die Gründlichkeit der Unternehmung anbelangt. Deshalb veranstalten wir auch manchmal eine kleine Revolte; gerade wenn das Chaos am größten und die Zeit am drängendsten ist, sagen wir einmal: Salut, wir gehen ins Kino! und niemand, der die Panik des Pessachputzes nicht kennt, kann die Sprengkraft eines solchen Satzes ermessen.

Und manchmal sind wir ja tatsächlich so etwas wie eine Gruppe. Das sind die Abende, an denen wir wie begossene Pudel dasitzen, weil unserem Volk wieder einmal etwas zugestoßen ist oder weil es sich selbst daneben benommen hat, eine Dummheit oder Bösartigkeit, für die wir glauben, uns dann schämen zu müssen, oder sind wütend und sehen sowieso Krieg und Untergang voraus, da sitzen wir dann minutenlang stumm und rühren bloß in unseren Teetassen, aber das passiert, gottseidank, selten, meistens reden wir ja sehr viel und meistens alle gleichzeitig.

Wir sind, in unterschiedlichen Abstufungen, eigentlich wenig zionistisch, wir fühlen uns dem Lande Israel verbunden, aber nicht verpflichtet, und manchmal können wir es auch einfach nicht so richtig ernst nehmen. Vielmehr fühlen wir uns in der Zerstreuung zu Hause, schmerzlich zwar, doch jedenfalls mit der Überzeugung, daß der Ort, an dem wir uns hier treffen, diese Stadt, das Land, nur ganz zufällige Orte des Exils sind, und im Inneren und im Zentrum unserer Existenz ist natürlich diese Sehnsucht und das Heimweh nach einem Ort, den wir gar nicht kennen, und nach einer Zeit, die wir uns nicht einmal vorstellen können und von der es in dem bekannten Witz heißt, »Gott, wir haben schon so vieles überlebt, da werden wir die Zeiten des Messias auch noch überleben«.

Dann gibt es auch, sehr selten, Abende, an denen eine von uns den Kurs sprengt, weil ihr etwas Außergewöhnliches zugestoßen ist oder sie eine große Sorge hat, da kann es dann geschehen, daß wir unsere Bücher nicht einmal aufschlagen. Jeder von uns ist das bestimmt nicht öfter als ein- oder zweimal passiert. Bei mir war es soweit, als ich nach der Lektüre meiner Stasi-Akte aus Berlin zurückkam und meinen sefardischen Freundinnen alles erzählte, ausgerechnet ihnen, die überhaupt keine Vorstellungen haben von diesem mißgeborenen Land, aus dem ich gekommen war, das sie sowieso nicht betreten, ob Ost oder West, ist ihnen ganz gleich, und das Wort Stasi hatten sie noch nicht einmal gehört.

Diejenige, die den Kurs sprengt, entschuldigt sich natürlich am Ende dafür, aber die anderen sagen dann, mach dir bloß keine Sorgen, das macht gar nichts, das muß eben manchmal so sein.

Und manchmal erzählen wir uns auch von Büchern, die wir gerade lesen, und wenn es eine sehr wichtige Lektüre ist, bringen wir das Buch sogar mit. Einmal habe ich den kleinen Aufsatz über Ellis Island von Georges Perec angeschleppt und habe meinen Freundinnen den letzten Satz vorgelesen:

»... einige von den Worten, die für mich mit dem

Wort Jude unauflöslich verbunden sind: die Reise, die Erwartung, die Hoffnung, die Unsicherheit, der Unterschied, die Erinnerung, und diese beiden schwer zu fassenden, unsteten und flüchtigen Begriffe, die sich unaufhörlich gegenseitig in ihrem flackernden Licht spiegeln, und die heißen, Land der Geburt und Gelobtes Land.«

Michou ist aufgestanden und hat noch einmal Wasser aufgesetzt, Liliana hat sich eine Zigarette angezündet, Danielle hat in einen der marokkanischen Kringel gebissen und Sophie hat gesagt, »voilà, tout«.

Selbstporträt als Mutter

1985, im Februar, sah ich zum erstenmal Bilder und Holzschnitte von Maria Uhden, der Frau von Georg Schrimpf. Ein Freund hatte mir eine Mappe mit Schwarz-weiß-Kopien ihres Werkes geschickt. Die schlechte Qualität der Reproduktionen störte mich nicht, ich wußte, daß vieles fehlte, aber ich sah doch genug. Genug, um zu lesen, was auf dem Bild aufgezeichnet ist, genug, um zu hören, was das Bild erzählt. Das, was fehlte, ließ mich wenigstens ruhig hinsehen und nahm mir die Angst. Die Angst nämlich, daß mir das »ganze« Bild das Herz aus dem Leibe reißen und noch alles andere hervorzerren würde, was unter der Decke des beherrschten Lebens im Halbschlaf ruht.

Nein, Originale will ich nicht sehen. Das macht mich schwindlig. Ich denke noch mit Schrecken daran, wie ich vor Jahren in Prag das Selbstporträt von Henri Rousseau sah. Plötzlich »lebendig«, größer als lebensgroß inmitten von so viel Landschaft, die übermalten Füße, und er sah mich an, sah mich so an, daß ich in höchster Panik heulend aus dem Museum hinausrennen mußte, als ob man mich verfolgte. Über dem Schreibtisch, an dem ich jetzt sitze, habe ich eine Postkarte an die Wand geheftet, Rembrandts »Judenbraut«, mein Lieblingsbild von allen Bildern. Aber ich möchte nie nach Amsterdam kommen und dieses Bild im Original sehen. Nie.

Als ich noch in Ost-Berlin wohnte, gab es einmal, vor vielen, wie mir scheint, endlosen Jahren, folgende Szene: Es klopfte. Ich öffnete. Vor der Tür stand ein Junge, so ungefähr zehn Jahre alt, ein Junger Pionier. Er fragte, haben Sie Flaschen und Altpapier? Ich sagte, ja, komm rein. Dann suchte ich etwas heraus für ihn, und der Junge stand in meinem einen Zimmer, das die Küche war, und war vollkommen stumm und wurde immer stummer, während ich nach den Flaschen und dem Altpapier suchte. Ich spürte seine Erstarrung und dachte, es wäre wegen der Unordnung, die da herrschte, mir wurde ganz flau im Magen, weil ihn das so erschütterte, dieses Chaos, das ich sonst gar nicht wahrnahm. Ich stopfte ihm schnell die Taschen voll, er blickte immer nur nach unten, und ich brachte ihn, mit ebenfalls gesenktem Blick, zur Tür. Ich schämte mich.

Nach einer Stunde klopfte es wieder. Vor der Tür stand derselbe Junge Pionier, ohne Taschen, und diesmal fragte er, sind Sie Malerin? und war verlegen. Ich atmete auf und sagte wieder, komm rein. Er fragte, darf ick mir mal allet ankieken? Da hoben wir beide endlich unseren Blick und sahen uns alle Bilder, die oben an der Wand hingen, an. Ich zeigte ihm die Porträts von meinen Freunden und den Dichtern und die Selbstporträts, die paar Landschaften, die vielen Akte. Ich war stolz.

Ja, ich war nämlich auch Malerin. Ich war es genauso lange wie Maria Uhden – bis zur Geburt des ersten Kindes.

Wieso ist sie kurz nach der Geburt ihres ersten Kindes gestorben? Wieso ist Paula Modersohn-Becker gleich nach der Geburt ihres ersten Kindes gestorben? Ich weiß es. Weil man nämlich nur entweder Malerin oder Mutter sein kann. Es gibt nur diese Möglichkeiten, *entweder* du willst Künstlerin sein und verzichtest auf Kinder. Wie das ist, weiß ich nicht, darüber kann ich nichts sagen. *Oder* du willst beides, Künstlerin sein und eine Familie haben. Davon weiß ich sehr viel. Ich könnte stundenlang von diesem furchtbaren Kampf an jedem Tag und den Konflikten zu jeder Stunde erzählen, die einen so kaputtmachen, daß man schließlich aufhört, Künstlerin zu sein. Weil aber die Sehnsucht, es zu sein, nicht aufhört, fängt man auch nie richtig an, Mutter zu sein, und bringt schließlich nur noch Schuldgefühle hervor, Schuldgefühle nach allen Seiten, und wird davon so niedergedrückt und müde, daß man überhaupt lieber ins Bett geht und schläft. Schlimmer als die wirklichen Störungen ist das Hinundhergerissensein, dieses Alles-machen-wollen.

Und dann – und dafür muß man wohl erwählt sein – gibt es noch die heroische Variante, eben die, daß man bei der Geburt des ersten Kindes stirbt. Mir kommt vor, als werde so die Bedingung nur noch einmal hart und grausam ausgesprochen: Entweder – Oder. Durch diesen frühen Tod durften Malerinnen wie Maria Uhden und Paula Modersohn-Becker es für ihr ganzes Leben bleiben, ohne das Entweder-Oder selbst entschieden zu haben. Denn wäre es nicht anmaßend, zu wählen und gar zu sagen, meine Kunst zählt mehr, als Kinder großzuziehen, ich gebe sie her für ein paar Bilder, für einen Roman?

Damals, als ich die Mappe mit den fotokopierten Werken der Uhden betrachtete, in ein paar geklauten halben Stunden, saß ich unruhig auf meinem Stuhl vor dem Schreibtisch und horchte auf den Ruf MAMA aus dem Kinderzimmer, um dann fast erlöst aufzustehen, wenn er ertönte. So war das.

Die Jahre danach sind schnell vergangen, und ich habe ein paar hundert Seiten Prosa veröffentlicht, Bilder gemalt, manchmal gezeichnet und noch ein paar Gelegenheitsarbeiten gemacht. Die MAMA-Rufe haben sich in lange Gespräche, Diskussionen und natürlich auch Kräche verwandelt. Die Banalität des Alltags beherrscht noch immer mein Leben, so, daß ich es oft als einen Überlebenskampf empfinde, eine aufzehrende Schlacht, die ich zwar nicht gewinnen kann, doch wenigstens bin ich auch nicht ganz besiegt, besetzt und unterworfen von einer fremden Macht.

Mein Feind ist nicht die Familie, es ist vielmehr

diese Art Leben, die auf das eine und auf das andere nicht verzichten will. Eigentlich führe ich einen Feldzug, um die Territorien eines möglichen Lebens zu erobern, die Kunst zu erbeuten, und das Leben auch. Das mag größenwahnsinnig sein.

Ich habe den Mann geheiratet, der mir einmal gesagt hat, daß er den Alltag und jede seiner Banalitäten liebt, und daß, wenn wir darin bestehen, wir schon Künstler und Helden sind.

»In love, my love, dear love – detail is all.«

In all den Jahren bin ich auch viel herumgekommen. Ich war zum Beispiel in Amsterdam und habe nun die Judenbraut im Original gesehen, mußte gar nicht heulend aus dem Museum laufen, sondern habe ruhig auf der bequemen Bank davor gesessen, und dann unten im Bistro einen Kaffee getrunken.

Alles, die ganze Welt, hat sich in diesen Jahren verändert, nur eben die Bataille des täglichen Lebens nicht. Die Kindergeburtstage folgen aufeinander, die Schokoladentorte bleibt dieselbe – ein Rezept aus Wien. In Wien ist vor ein paar Jahren meine Mutter gestorben. Sie wurde dort geboren, sie wurde dort begraben, als ob nichts dazwischen gewesen wäre. Die Kinder werden groß. Erst hat der Kleine die Sachen vom Großen geerbt, jetzt hat er sie selbst schon ausgewachsen, ich gebe sie den Freundinnen, die noch kleine Kinder haben.

Langsam kommt nach dem Leben vor den Kindern und nach dem Leben mit den Kindern das Leben nach den Kindern in Sicht, auf das man so lange gewartet hat, aber vor dem man plötzlich auch Angst bekommt, wie vor jeder neuen Freiheit und einem leeren Raum, den man zum ersten Mal betritt.

Der Untergang von Wien

Wie so viele Juden habe ich meine Herkunft aus fast allen Ländern Europas, und ich bin darauf manchmal ein bißchen stolz, obwohl es dafür gar keinen Grund gibt, denn die meisten dieser Herkünfte sind ja längst verlöscht. Sie ragen in der Erinnerung auf, wie Inseln im Meer des Exils. Wanderungen, Vetreibungen, Entdeckerlust oder einfach Geschäftsinteresse haben meine Vorfahren von einer dieser Inseln zur nächsten gebracht, und dort ist es ihnen gut oder schlecht ergangen, solange, bis die Zeit auch auf dieser Insel des Exils abgelaufen war. Manchmal haben sie die Zeit genutzt, um unauffällig, aber aufmerksam ihre Insel zu vermessen und zu erforschen, und haben auch selber Spuren hinterlassen, und sei es nur in Ausdrücken und Redewendungen der spanischen, polnischen oder ungarischen Sprache, die meistens nichts Gutes bedeuten. Fast alle dieser Inseln sind also schon in einer fernen Vergangenheit untergegangen, und existieren nur noch in Legenden und Erzählungen oder Fragmenten von Erzählungen über frühere Generationen in einer früheren Zeit. Einige aber dieser Inseln ragen noch deutlich in die Gegenwart oder wenigstens in eine sehr nahe Vergangenheit, in die Lebensgeschichte meiner Eltern und in mein eigenes Leben.

Der jüdische Friedhof, der in Wien der israelitische heißt, liegt schon ein bißchen jenseits von Wien, jedenfalls hängt er hinten dran an dem großen Zentralfriedhof und schon ein bißchen hinüber in das leer gelassene, unaufgeräumte Land, das dort beginnt. Die 71 fährt bloß bis zum dritten Tor. Endstation. Dann gibt es nur noch einen Trampelpfad an der Mauer entlang, auf dem schleiche ich und fühle mich beobachtet von den Leuten auf der anderen Straßenseite und an der Haltestelle für die Linie, die in entgegengesetzter Richtung fährt. Alle sehen mich an, wo sollten sie auch sonst hinsehen, und fragen sich wahrscheinlich, was sucht die denn da, wo will die denn hin? Sie denken sicher, ich hätte mich verlaufen und kenne mich nicht aus, denken, ich sei hier fremd. Sie wissen ja nichts von mir und meiner Mutter.

Meine Mutter liegt nämlich hinter dem vierten Tor, ziemlich weit hinten, nahe der Mauer und nahe bei den Freunden, die, einer nach dem anderen, auch dort eingerückt sind.

Wenn meine Mutter Ungarisch sprach, verwandelte sie sich in einen ganz anderen Menschen, in eine überlebhafte, überaufgeregte Person, die gut auf das ungarische Land paßte, wo sie einen großen Teil ihrer Kindheit verbrachte, bei den Großeltern. Sie besaßen dort ein Gut, was sonst in Europa für Juden ungewöhnlich, in Ungarn aber sehr verbreitet war.

Wenn sie Englisch sprach, gewann meine Mutter Fassung und Gelassenheit, Eigenschaften, die sie an den Engländern schätzen gelernt hatte, als sie während des Krieges unter ihnen lebte, und die sie besonders bewunderte, weil sie diese Eigenschaften, ebenso wie ihre Höflichkeit und ihren *common sense*, auch während der schlimmsten Bombennächte des »Blitz«, nicht abgelegt hatten. Wenn sie Deutsch sprach, war es eben Wienerisch, natürlich, sie stammte ja aus Wien, und das fiel in Berlin ziemlich auf, wo sie nach London, Paris und wieder London nach dem Krieg gelandet war, meinem Vater folgend, der wiederum dem Auftrag der Partei gefolgt war. Das Wienerische war auch eine Art, ihre Fremdheitsgefühle gegen Berlin und die Deutschen auszudrücken, denn die Deutschen verachtete sie sowieso, erstens weil sie Nazis und zweitens weil sie Piefkes waren, aber ihre Gefühle für Österreich und die Österreicher schienen überhaupt nicht mehr der Rede wert, denn wenn sie auch Anekdoten (immer dieselben) von London, Paris und dem ungarischen Bauernhof zu erzählen hatte, erzählte sie von ihrem Leben in Wien nie, keine Episoden und keine Erinnerungen, als ob sie alle Gefühle und Bindungen von dieser Stadt endgültig abgezogen hätte. Ihr Österreichtum überlebte nur in ihrem Akzent und ihrem Wortschatz, in

Ribiseln und *Marillen*, *Fisolen* und *Karfiol*, in *Reindl* und *Spagat* für hochdeutsch Schnur, berlinerisch Strippe.

Nach Paris und London und in das ungarische Dorf allerdings ist meine Mutter nie zurückgekehrt, doch nach Wien fuhren wir regelmäßig, in jedem Jahr. Wenn nämlich meine Klassenkameraden zu ihren Tanten und Omas nach Mecklenburg oder Brandenburg oder einfach »in den Garten« fuhren, in den Herbst- oder Osterferien, begleitete ich meine Mutter nach Wien, und wir besuchten ihre alten Freunde, die sie, wie mir schien, schon vom Anbeginn der Zeiten kannte, alle ehemalige Emigranten, ehemalige Kommunisten, und fast alles Juden, und alle hatten diese enge, beinahe nostalgische Bindung an England. Meine Mutter nannte diese Menschen ihre Familie. Wir wohnten dann in Hernals oder Mauer, in großen Häusern mit großen Gärten, die anderen Freunde kamen auch heraus, und wir saßen in einer großen Runde in einem der Wohnzimmer, auf der Terrasse oder im Garten, und jedenfalls blieben wir, wie auch in Berlin, eigentlich immer unter uns. Meine Mutter und dieser enge Kreis von Freunden lebten ziemlich abgetrennt von ihren Nachbarn und Kollegen, vom Alltag und von den Erinnerungen dieser Nachbarn und Kollegen, nach deren Vergangenheit sie lieber gar nicht erst fragten, weil sie sie ja sowieso kannten. Und doch hatten sie beschlossen, wieder unter diesen Nachbarn und Kollegen zu le-

ben, oder vielmehr war es so für sie beschlossen worden, von einer Partei, der sie sich in ihrer Jugend an-
geschlossen hatten, weil sie von einem freieren Leben
und einer Auflehnung gegen das Unrecht, das sie um
sich herum beobachteten, geträumt hatten. Oft
saßen in unserer Runde auch einige von den ehemaligen Emigranten, die sich dem Auftrag entzogen
hatten und in England geblieben waren, und weil
sich ihre Sehnsucht nach der alten Heimat in deut-
lichen Grenzen hielt, kamen sie nur zu Besuch und
brachten ihre Kinder mit, die schon kein Deutsch
mehr sprachen. Englisch aber galt sowieso als einzig
anerkannte Sprache, und es war unvorstellbar und
undenkbar, sie etwa nicht zu beherrschen, auch wenn
die breiten Vokale und das oft gerollte -R- nicht gerade nach Oxfordenglisch klangen.

Die beiden ältesten Freundinnen meiner Mutter
aber, mit denen sie zusammen ins Gymnasium gegangen war, haben nie dabeigesessen. Friedl nicht,
weil sie in Theresienstadt umgekommen war, und
Emmy nicht, weil sie jetzt in Australien lebte und ge-
schworen hatte, nie wieder nach Wien zurückzu-
kommen. »Gerade weil ich keine Jüdin bin, kann ich
den Österreichern nicht verzeihen, ich möchte nie
wieder einem von ihnen begegnen« hat sie gesagt. Sie
war mit einem jüdischen Mann verheiratet gewesen,
und die beiden sind auf abenteuerliche Weise, über
Bolivien, in Australien gelandet, von dort hat sie mit
meiner Mutter Briefe gewechselt, und einmal geschrieben, daß sie sich manchmal nach dem Anblick

grüner Waldhänge und grüner Wiesen sehne, denn in Australien gebe es nur diese wilde, extreme Natur, die davon sehr weit entfernt ist, wie eben alles in Australien von allem so weit entfernt sei. Auch dort bewege sie sich in einem ganz engen Kreis von ehemaligen Flüchtlingen aus Deutschland und Österreich, die, wie sie schrieb, eine Sprache sprechen, die sie *Emigranto* nennen, eine unmögliche Mischung aus Englisch und Deutsch.

Wenn ich an Wien denke, sehe ich mich immer als ein Kind, denn ich bin dort immer Kind geblieben, auch als ich schon lange erwachsen war und mit meinen eigenen Kindern kam. Ich sehe mich in diesem engen Kreis von Freunden, die ich liebte, die mir nahe waren und an die ich mich gebunden fühlte und noch heute fühle. Vor allem die Freundinnen meiner Mutter verwöhnten und versorgten mich, sie kleideten mich ein, ließen mir irgendwann auch mal die Haare abschneiden, »weil das praktischer ist«, und sie beglückten und bedrängten mich mit Geschenken, Sorge und Ratschlägen, als ob ich ganz zu ihrem Geschöpf werden sollte. Die Söhne der Freunde, alle ungefähr gleichaltrig mit mir, waren natürlich auch meine Freunde, meine Gefährten und meine »Cousins«, und, weil ich das einzige Mädchen unter ihnen war, hatte ich die Starrolle, vielleicht auch, weil ich aus Ostberlin kam und so entfernt lebte. Wir schrieben uns lange Briefe, wie das unsere Eltern auch taten, und waren irgendwie stolz aufeinander, obwohl es dafür genausowenig Grund gab, wie für den Stolz auf unsere Herkunft aus den verschiedenen Ländern, aber eben durch diese Herkunft waren wir uns ähnlich und nahe verwandt.

Manchmal sind wir zum Ski in die Berge gefahren, da habe ich meine Cousins für ihre Gewandheit und Sportlichkeit bewundern können, »Halt wie jeder Österreicher!«, und sie haben mir, herablassend, in meiner Unbetamtheit beigestanden, schließlich lebte ich nun mal in der Ebene. Abends, im Gasthof, haben sie mich mit der österreichischen Literatur bekannt gemacht, und während mir Martin von Anton Wildgans »Der Kirbisch« vorlas, weil der eh so langweilig war, und wir inzwischen fünfzehn Jahre alt waren, und so entspannt nebeneinander auf dem Bett lagen, haben wir uns da ineinander verliebt. Wir waren uns ja schon unser ganzes Leben vertraut, und auch unsere Eltern fanden unser Verliebtsein ganz natürlich, und es fiel ihnen sogar plötzlich wieder ein, daß sie uns bei der Geburt sowieso schon miteinander verlobt hatten, und waren zufrieden wie über eine gelungene dynastische Verbindung. Manchmal sind wir bei diesen Skiurlauben auch in einem piekfeinen Hotel gelandet, wo ich mich regelmäßig daneben benommen habe, zur Schande meiner Mutter und ihrer Freunde. Denn obwohl sie alle Kommunisten waren oder gewesen waren, schätzten sie doch das bürgerliche *comme il faut*, und zudem berlinerte ich noch laut und stolz, das war meine kleine Auflehnung gegen das Mutterland.

Später, viele Jahre später, als meine Mutter dann wieder in Wien wohnte, war es auch nicht viel anders.

Meist kam ich früh um sechs mit meinen Kindern am Westbahnhof an, mit dem Nachtzug aus Straßburg. Dann nahmen wir ein Taxi und stiegen zehn Minuten später in der Theresianumgasse wieder aus, wo meine Mutter bereits vor der Tür wartete. Oben in der Wohnung hatte sie schon das Frühstück vorbereitet, und meine Söhne knallten sich erst einmal vor den Fernseher und observierten das Frühprogramm vom ORF, während meine Mutter auspackte, räumte, fragte und plante, und hatte schon alles hergerichtet und vorgesehen, was in der kommenden Woche unseres Besuches geschehen würde, wen wir besuchen, was wir zu besorgen, zu erledigen, uns unbedingt anzusehen hätten, an welchem Tag, in welcher Reihenfolge, und auch, wen ich gleich anzurufen hätte. Meine Kinder reklamierten das Naturhistorische oder Heeresgeschichtliche Museum, das ja sowieso ganz in der Nähe lag und in dem wir bestimmt die regelmäßigsten Besucher waren, die sie dort jemals kannten, oder sonst Bahnhöfe oder Baustellen, die sie besichtigen wollten. Und ich ließ mich dann in diese süße Geborgenheit fallen, zwischen die Sorge meiner Mutter und die Wünsche meiner Kinder, wie in das Glas Powidl, das vor mir auf dem Frühstückstisch stand, und verwandelte mich selbst in eine Art Powidl, indem ich jede Festigkeit verlor, jede Unabhängigkeit, jeden Willen, jeden Ehrgeiz und jede Anstrengung zu einem anderen als folgendem Leben.

Die äußerste Auflehnung gegen diese Verpowidlung war nur eine Angina oder Ohrenentzündung, immer waren es solche Kinderkrankheiten, die mich in Wien erwischten, in denen ich in den Schmerz eingesperrt blieb, in der Wohnung meiner Mutter, in ihrem Bett, während sie draußen mit meinen Söhnen das Programm absolvierte, und ich drehte mich zur Wand und fieberte von Entgrenzung.

Manchmal riß ich mich ja auch los, »Jetzt gehe ich mal in die Stadt!« und lief erst einmal die Argentinierstraße hinunter. Und nun? Wohin denn? Ich hatte ja hier nichts zu tun. Sollte ich etwa spazierengehen wie ein Besucher?, ein Tourist? Jemanden treffen? Wen? Ich hatte außerhalb dieses engen Kreises meiner Mutter nie jemanden in Wien gekannt. Meine Cousins waren längst von dort weggezogen, meine Verlobung längst zerbrochen.

Und doch fühlte ich immer so einen Anspruch an diese Stadt, als ob ich ihr etwas abzufordern oder etwas von ihr einzufordern hätte, als ob wir uns bloß einmal richtig kennenlernen müßten, denn wir brauchten ja auch nicht so zu tun, als ob wir uns ganz gleichgültig wären, und ich dachte gar nicht daran, auf irgend etwas zu verzichten, ich wollte meinen Teil, bloß welchen?

Mein Teil war ja nur meine verborgene Herkunft aus dieser Stadt, durch meine Mutter und meine Großeltern auf mich gekommen. Aber die sind auch nur immer getrennt und abgewiesen geblieben, jedenfalls schien mir das so, und es konnte ja auch gar nicht anders sein. Da fiel mein Anspruch schon wieder in sich zusammen, bevor ich noch am Karlsplatz angekommen war, und ich fühlte mich unbeteiligt und alles ungewohnt, obwohl ich mich doch hier auskenne. Ich weiß, wo die Straßen und Plätze liegen, und ich weiß, wo alle möglichen Linien hinführen, ich muß in dieser Stadt nichts suchen, bloß was habe ich denn hier eigentlich verloren? Und dann kehrte ich wieder zurück zu meiner Mutter, zu ihrem besorgten, beratschlagendem Nachfragen nach den meist praktischen Dingen meines Lebens, die ich genervt beantwortete, und hörte die letzten Neuigkeiten aus dem Kreis der Freunde. Reisen, Besuche, Treffen, Krankheiten, Klatsch, und dann sahen wir zusammen Fernsehen, BBC, dafür hatte sich meine Mutter extra auf das Kabelfernsehen abonniert:

Einmal habe ich sie, während wir fernsahen, so ganz nebenbei, weil ich schon wußte, daß sie das gar nicht mochte, gefragt, ob sie denn eigentlich jemals zu ihren alten Adressen zurückgekehrt sei, an die alten Orte, wo sie mit ihren Eltern gelebt und ein Kind gewesen und zur Schule gegangen und aufgewachsen, und später zu Blau-Weiss und noch später zur Internationalen Roten Hilfe gegangen war. Sie hat auf CNN umgeschaltet und geantwortet: »Nein. Wozu?«

Jedesmal, wenn ich auf den Friedhof hinter dem vierten Tor gegangen bin, hat dort Schnee gelegen. Diesmal aber regnet es, es regnet schon seit drei Tagen und hört nicht auf, zu regnen. Ich flüchte mich in das kleine Haus über dem Grab eines der chassidischen Rebben, von denen hier ein halbes Dutzend liegen, und entziffere seinen Namen, Izchak Jacob David Mestrasinie, aber genau kann ich das nicht entschlüsseln, weil die Schrift unpunktiert ist und ich den Namen nicht kenne, obwohl er in seinen Wundern ziemlich erfolgreich gewesen sein mußte, und offensichtlich heute noch ist, denn es stecken Unmengen kleiner Zettel, Briefe, Karten und lange computergeschriebene Namenslisten da, eine Karte ist auf die Erde gefallen, vorne drauf steht gedruckt »Frauen in der SPÖ«, auf der Rückseite aber steht, handgeschrieben, etwas ganz anderes. Auch ich schreibe schnell ein Briefchen und stecke es zu den anderen, das kann ja nichts schaden. Es regnet auch schon weniger und ich kann jetzt meine Runde zu den Freunden drehen, die in der Nähe liegen. Dann gehe ich zum Grab meiner Mutter, aber da stehe ich ein bißchen dumm rum, ein richtiges Gespräch will nicht aufkommen. Ich denke bloß, es war wahrscheinlich richtig, daß wir unter den verschiedenen Varianten ihres Vornamens für den Grabstein den gewählt haben, mit dem sie sich selbst genannt hat, Lizzy. Und dann denke ich daran, wie mich mein Sohn, ungefähr ein Jahr nach ihrem Tod, gefragt hat, ob Lizzy nun schon ein Gerippe sei oder was wir uns da unter der Erde vorzustellen hätten, und ich geantwortet habe, daß ich überhaupt nicht wisse, wie lange es dauert, bis von einem toten Menschen nur noch ein Gerippe übrigbleibt, und wie wir, ohne großen Erfolg, unser mageres Wissen über diese letzten Dinge zusammengekratzt und gefunden haben, daß es uns jedenfalls leichter fiele, uns Lizzys Geripppe unter der Erde vorzustellen als ihre Seele in einer anderen Welt herumfliegend.

1984 ist meine Mutter nach Wien zurückgekehrt, genau fünfzig Jahre, nachdem sie es verlassen hatte. Diese Rückkehr war eine Entscheidung ganz pragmatischer Natur und von der Art, wie sie sie in England zu schätzen gelernt hatte. Da ich inzwischen nach Straßburg gezogen war, wollte sie nicht allein hinter der Mauer bleiben (von meinem Vater war sie inzwischen schon dreimal so lange geschieden, wie sie je mit ihm verheiratet gewesen war), in der berechtigten Angst, daß man mich nun »zur Strafe« nicht mehr dorthin einreisen lassen würde, und wenn sie einmal krank und noch älter sein würde, wie könnte sie mich dann erreichen. Alles in allem hatte sie in der DDR auch nicht mehr viel verloren, in Wien aber konnte sie leicht ihren Platz im Kreis der Freunde wiederfinden, den sie ja ohnehin nie aufgegeben hatte.

In all den Jahren aber, in denen sie dann noch in Wien lebte, habe ich sie niemals bewegen können, mir irgend etwas von dem Wien zu zeigen und zu erzählen, das sie doch gut gekannt haben mußte, Wien vor dem Krieg, vor dem Anschluß, vor 34, die Orte von damals, von früher, von vorher.

Nein, meine Mutter war ganz und gar nicht auf der

Suche nach Spuren oder Pfaden der Herkunft oder Vergangenheit, und sie war auf diese Haltung stolz und kam sich darin stark vor und war es vielleicht auch. Ich denke nur an den heutigen Tag, hat sie oft gesagt, ich lebe nicht in der Erinnerung. Und tatsächlich hat sie ja nie etwas gesammelt, aufgehoben oder aufbewahrt. Sie unterhielt eine große Korrespondenz, aber jeder Brief, den sie erhielt, hat bei ihr nur wenige Tage überlebt, sie hat ihn beantwortet und dann zerrissen und in den Papierkorb geworfen. In Wien bewegte sie sich nur zu den Orten, wo sie etwas zu tun oder zu erledigen hatte, und, natürlich, zu ihren Freunden, um mit ihnen zusammenzusitzen und englische Bücher mit ihnen auszutauschen.

»Die Erinnerung ist ein großes Verlangen«, stand in dem Buch, das ich im Zug gelesen habe, und diesen Satz habe ich natürlich schon in vielen Varianten gehört und gelesen. »Das Geheimnis der Erlösung heißt Erinnerung« hat, glaube ich, Martin Buber noch heftiger gesagt oder zitiert.

Meine Mutter jedenfalls hat an solche Sätze nicht geglaubt und wollte sie auch gar nicht hören, und nach ihrem Tod erst habe ich das in ihren Augen Ungehörige getan und bin selbst an die alten Orte gegangen, die sie, wie ich mir einbildete, vor mir verheimlichte.

Wahrscheinlicher ist, daß sie ihr tatsächlich gar nichts mehr bedeuteten.

Die Latschkagasse im neunten Bezirk hat selbst etwas Heimliches, sie geht nämlich nicht etwa wie eine normale Straße geradeaus, sondern verläuft im Zickzack und in der Mitte um einen kleinen Platz herum, wo Bäume mit Bänken darunter stehen, und sieht sogar ein bißchen pariserisch aus, gerade da, bei der Nummer neun, wo meine Mutter mit ihren Eltern gewohnt hat. Ich gucke den Leuten in die Fenster, gleich im Mezzanin sehe ich eine alte Frau in der Küche stehen, ich könnte bei ihr klingeln, könnte sie fragen, ob sie sich noch an die Familie Kollmann erinnert, die in diesem Haus gewohnt hat, aber diese Frage will ich ihr und mir ersparen. Dann lese ich bloß die Namen auf den Klingelschildern, völlig sinnlos, und weiß wirklich nicht, warum ich das tue und was es da zu sehen gibt, denn es gibt ja nichts zu sehen, außer den mir fremden Namen und der Fassade, die wie alle Fassaden in Wien dasteht, schön oder nicht schön, aber in jedem Falle unverändert und unbeschadet, als ob hier nie jemals etwas Häßliches oder Böses geschehen sei.

Ich stehe da vor der Latschkagasse 9 und esse meine drei Tafeln Schokolade auf, die ich mir eben beim Greißler an der Ecke gekauft habe.

Bis zum Jahre 34 hat meine Mutter in diesem Haus gewohnt. Vorher, gleich, als sie 18 Jahre alt war, hatte sie einen Mann geheiratet, den sie von Blau-Weiss kannte, doch der bereitete sich schon zur Auswanderung nach Palästina vor, Lizzy aber wollte doch lieber in Wien bleiben, denn sie war keine Zionistin, sondern wurde eine Kommunistin, so haben sie sich nach einem Jahr wieder getrennt und Lizzy ist wieder zurück in die Latschkagasse gezogen.

Die Eltern vermieteten in der Wohnung ein Zimmer, und meistens lebte in diesem Zimmer ein illegaler Flüchtling vom Balkan. 1933 aber zog ein englischer Student bei ihnen ein, der gerade aus Cambridge kam und den Kontinent besichtigen wollte. In den verliebte sich Lizzy dann, und er sich auch in sie, und sie hat ihn überallhin mitgeschleppt, zu ihrer kommunistischen Gruppe und zur Internationalen Roten Hilfe und schließlich haben sie sich am 12. Februar 1934 in die Kämpfe zur Verteidigung der Schutzbündler gestürzt, dabei ist sie verhaftet worden und in die Rossauerlände, das Untersuchungsgefängnis, gekommen. Dort hat sie der englische Student nach ein paar Tagen wieder rausgeholt, indem er sie nämlich heiratete, am 24. Februar auf dem Standesamt im neunten Bezirk. Und sofort danach sind sie aus Österreich abgereist, meine Mutter war durch diese Heirat Engländerin geworden.

Meine Großeltern habe ich nie gekannt, denn sie sind gestorben, bevor ich geboren wurde.

Bis zum März 1939 haben sie noch in Wien gelebt, aber sie wurden wohl, wie die meisten anderen Juden auch, nach dem Anschluß aus ihrer Wohnung ausgewiesen, das bestätigt auch der Meldezettel, den ich mir beim Zentralmeldungsamt besorgt habe, und auf dem von der Latschkagasse keine Rede mehr ist.

Bundespolizeidirektion Wien
Zentralmeldungsamt

Israel (auch Iszo, auch Irszo) Kohlmann (auch Kollmann)
aus Sárvár, Ungarn
und
Gisella Kohlmann (auch Kollmann), geb. Fürst
aus Kerkaszentmiklos, Ungarn
gemeldet
vom 1. 3. 1939 bis 14. 3. 1939
6, Mariahilferstr. 47
angegebene frühere Unterkunft
2, Obere Donaustr. 91
(Lt. Erhbg. im Hause unbekannt)
abgemeldet nach England

Meine Mutter hatte immer gesagt, ihr Vater sei einen
schönen Tod gestorben, er hatte am Fenster gestan-
den und war dann umgefallen. Herzschlag, tot. Das
passierte in St. Johns Wood, das damals eine jüdische
Gegend Londons war, wie der neunte Bezirk in Wien
auch, in einem der großen Gebäude, die alle ein
bißchen wie Hotels aussehen und in dem ich in den
6oer Jahren noch Toni, die Freundin meiner Großmutter aus Wien besucht habe, die sonst keiner mehr
leiden konnte, weil sie den ganzen Tag bloß jam-
merte und klagte und alte Geschichten aus Wien und
von ihrer Freundin Gisella, die so früh gestorben war,
erzählte.

Toni hatte gesagt, das wäre gar kein schöner Tod gewesen, den mein Großvater gestorben war, und vielmehr ein Tod vor Erschöpfung und vor Unglück gewesen, keine sechs Wochen, nachdem er aus Österreich endlich herausgekommen war. Aber, wie gesagt, Toni hat alles immer nur in den schwärzesten Farben darstellen können, und ist damit allen auf die Nerven gefallen.

Israel Kollmann war Angestellter bei der Israelitischen Kultusgemeinde Wiens gewesen, aber von dem, was er da tat, hat meine Mutter nie etwas erzählt, vielleicht, weil es ein langweiliger Beamtenposten war und es tatsächlich nicht viel davon zu erzählen gab. Seinen Namen muß sie als große Last empfunden haben, denn sie hat ihn nie ausgesprochen; und nur einmal, als ich sie nach meinem, ihren und den hebräischen Namen ihrer Eltern fragte und sie damit, wie sie meinte, furchtbar sekkierte, hat sie ihn mir in seiner ganzen Schönheit entgegengeschleudert: »Der Name meines Vaters war Israel. Ich hoffe, das ist hebräisch genug.«

Ein Fotoalbum besaß meine Mutter nicht, nur einen Pappkarton, in dem ich oft wühlte und aus dem ich die Fotos einzeln herausfischte, und zu entschlüsseln suchte, was darauf zu sehen und auch, was darauf nicht zu sehen war, und die meine Mutter genauso knapp kommentierte, wie alles andere auch, was aus der Vergangenheit stammte, Fotos von ihren Eltern, von dem englischen Studenten, mit einer

Pfeife im Mund, very good looking! aus den Jahren in Wien, in Paris, in London, und auch Fotos von meinem Vater, nachdem sie ihn in London kennengelernt hatte, in seiner besten Zeit, als einem vielbeschäftigten Journalisten bei Reuters.

Aber meine Mutter lebte ja nur im heutigen Tag, sagte sie.

Die ältesten Fotos zeigen meinen Großvater als jungen Mann, in einer Uniform, wohl des k.u.k. Heeres, aber nach seinem orientalischen Gesicht und den glänzenden, dunklen Augen könnte er auch ein Janitschar des Sultans gewesen sein. Die letzten Fotos meiner Großeltern sind Porträtaufnahmen, von Edith Tudor Hart, einer Österreicherin und Freundin meiner Mutter, die eine ganze Serie Porträts von Emigranten aufgenommen hat und ihnen darauf eine Würde wiedergegeben hat, derer sie sich wahrscheinlich selbst nicht mehr so sicher waren. Israel und Gisella Kollmann sehen auf diesen Fotos nicht gedemütigt und nicht zerstört aus, und sie haben nichts von Flüchtlingen an sich, außer vielleicht diesen Blick nach innen, weil es draußen nichts Erträgliches zu sehen gab und sie sich zurückzogen, in sich selbst und in den engen Kreis derer, die auch schon alles verloren hatten. In diesem Blick ähnelte meine Mutter ihren Eltern genau, und er erinnerte an die Schwermut, die meine Mutter nie hatte zugeben wollen. Auf den Bildern sieht man deutlich das goldene Kettchen mit der schwarzen Perle, das erst meine Großmutter und dann meine Mutter trägt, und das ich selbst später, unachtsam und unvorsichtig, verloren habe. Aber auch diesen Verlust hat meine Mutter nicht kommentiert. Dafür erzählte sie mir von den Vanillekipferln und Nußbusserln, die ihre Mutter ihr noch nach dem Anschluß mit der Post nach Paris geschickt hat, und sie habe ihr dafür dreimal in der Woche einen Brief nach Wien geschrieben. Und deshalb sollte ich mich übrigens auch nicht so anstellen, wegen des einen wöchentlichen Briefes, den sie von mir erwartete.

Meine Großmutter hat auch nicht mehr lange in London gelebt.

United Synagogue
East Ham Cemetery

1st July 1943
Name: Gisella Kollmann
Address: 194, Goldhurst Terace
              West Hampstead
Died: 29th June
Age: 59 yrs.
Were born: Hungary
How long in England: 4yrs.
Charges: 12£ 12s
War-time-addition: 1£ 11s 6d

Und noch etwas Ungehöriges habe ich getan. Ich wollte einmal den Mann kennenlernen, dessen Handschrift mir schon mein ganzes Leben lang vertraut gewesen war, und von dem meine Mutter oft gesagt hatte, ach, ich hätte ihn heiraten sollen. Der Mann hieß Pieter und seine Adresse kannte ich auswendig. So erschien ich zum Rendezvous mit dem Geliebten meiner Mutter in seinem Atelier in Amsterdam. Da zeigte er mir seine Arbeiten und die Alben mit den Fotos meiner Mutter.

Lizzy hatte mit Pieter in den Pariser Jahren zusammengelebt, 1936 bis 1939, obwohl sie ja mit dem Engländer aus Wien verheiratet war, der war aber in Spanien, wegen des Bürgerkriegs, und auch meine Mutter war wegen des Spanischen Bürgerkriegs aus London nach Paris gekommen, in einer offensichtlich konspirativen Mission. »Manchmal mußte ich nach Perpignan oder Biarritz oder nach Gibraltar hinunterfahren, ich hatte eine Aufgabe, von der ich annahm, daß sie wichtig war«, hat sie mir später einmal geheimnisvoll davon erzählt.

Während ich in den Alben die Fotos ansah, sagte Pieter, daß es mit Lizzy eine große Liebe und eine glückliche Zeit gewesen sei, und daß er sie immer noch liebte, auch jetzt, wo sie schon tot war.

Auf den Fotos war sie allein oder mit Pieter oder im Kreis von Freunden zu sehen, und auch das Landhaus in Grosrouvre war zu sehen, von dem sie manchmal erzählt hatte, und auch der Hund, von dem sie noch mehr erzählt hatte, traurig, weil sie ihn zurücklassen mußte, als der Krieg ausbrach. Die glückliche Zeit dauerte aber nicht sehr lange, hat Pieter gesagt, sie dauerte nur bis zum Jahre 38, genauer gesagt, bis zum 13. März 38, denn vom Tage des Anschlusses ergossen sich die Flüchtlingsströme von Wien nach Paris und direkt, wie es Pieter schien, in die Wohnung, in der er mit Lizzy lebte. Plötzlich war sie überfüllt von fremden Menschen, keine Ecke war mehr frei, Kommen, Gehen, Bleiben, ein paar Tage, ein paar Wochen, und Lizzy mußte sich Tag und Nacht um die Flüchtlinge kümmern und war schrecklich aufgeregt und voller Angst, »und da war das Glück vorbei, ich habe nichts von den Dingen der Flüchtlinge verstanden«, sagte Pieter, und die hätten zu ihm gesagt, deine Sorgen möchten wir haben! Als später der Krieg ausbrach, war sowieso alles vorbei, Pieter ist nach Holland zurückgekehrt und Lizzy mit ihrem englischen Mann nach London, und sie haben sich im Leben nicht mehr wiedergesehen.

Bis zu Lizzys Tod, also noch fünfzig Jahre lang, haben sie sich jedoch Briefe geschrieben, und ich habe in Berlin selbst oft so ein fast quadratisches Kuvert mit holländischer Briefmarke und Pieters großer Bildhauerschrift aus dem Briefkasten geholt und ihn meiner Mutter gebracht, ihn oben auf die andere Post gelegt und sie dann immer ein bißchen beobachtet, wie sie den Brief las oder wegsteckte. Dann lagen die Briefe ja noch eine Weile herum, und so konnte ich einige von ihnen heimlich lesen, solange sie noch nicht zerrissen waren, denn auch Pieters Briefe ereilte das nämliche Schicksal, sie landeten, wie alle anderen, im Papierkorb.

Pieters Atelier in Amsterdam liegt an der Prinsengracht und aus dem Fenster nach hinten hinaus sieht man auf das Gewirr der Höfe, Hinterhäuser und Quergebäude, und Pieter hat mit der Hand dahin gewiesen. »Das dort ist übrigens das Achterhuys.«

Im Hintergebäude der Praterstraße 66 in Wien habe ich zum ersten Mal in meinem Leben das Wort Israel gehört. Heini und Murr sprachen es aus, denn sie hatten nach dem amerikanischen Exil einen vergeblichen Einwanderungsversuch dorthin unternommen, haben sich aber nicht einleben können, es gefiel ihnen einfach nicht, vor allem Murr fand es zu schwierig, die fremde Sprache zu erlernen, und auch die Hitze konnte sie nur schwer ertragen. Auch ich habe also meine Idee vom Judenstaat ausgerechnet in Wien bekommen, aber nicht von Herzl selbst, sondern vor allem von Heinis und Murrs Söhnen, auch ungefähr gleichaltrig mit mir, die dort geboren worden waren. Ich war sieben, und sie waren acht und neun Jahre alt, und sie haben mir dann den ganzen Tag von dem südlichen Land, wo nur Juden wohnen, erzählt, und am Nachmittag, als wir auf der Praterallee immer vor den Erwachsenen herliefen, brachten sie mir schon ein paar Worte Iwrit bei, das sie, im Gegensatz zu ihren Eltern, ganz selbstverständlich sprachen. Sie entdeckten mir Israel und siedelten mich auch gleich dort an, denn sie erklärten mir, daß auch ich dort hingehöre, wie wir überhaupt alle eng zusammengehörten. Bis heute habe ich das Land Israel nicht gesehen, aber damals sah ich es, es lag nämlich ganz nahe, hinter den hohen Bäumen der Praterallee, und dort sehe ich es auch heute noch.

Worüber die Erwachsenen hinter uns sprachen, weiß ich nicht, wir Kinder jedenfalls sprachen vom Gelobten Land.

Viele Jahre später, als mein Sohn ungefähr genauso alt war wie ich damals, haben uns Heini und Murr einmal durch Österreich chauffiert, in Richtung der großen Berge, weil mein Sohn gerne richtige Gletscher sehen wollte. Heini, der in all den Jahren eine eher uneingestandene Nostalgie nach dem Lande Israel behalten hatte, fragte meinen Sohn während der Fahrt seine Hebräischkenntnisse ab, die er ja auf der jüdischen Schule in Straßburg erworben hatte, Vokabeln, Sprüche, Wendungen und Lieder, und Heini ließ sein Hebräisch nur so sprudeln, er sprach es nämlich ziemlich gut, und dann, mitten im Sommer, sangen sie zusammen die Chanukkah-Hymne, und er brachte uns auch gleich die Hatikwa bei, von der mein Sohn auf seiner religiösen Schule noch nicht viel gehört hatte. Darüber hat sich Heini maßlos aufgeregt, »aber Geld schnorren, das können sie! und leisten nicht mal ihren Militärdienst!«, und hat dann nicht aufgehört, von der Wüste und dem Leben im Lande Israel und der Theateraufführung vom »Prinz von Homburg« im Kibbuz, zu erzählen, und wieder war es, als ob das heiße Land gleich da hinter den Hohen Tauern lag. Die Hatikwa hatten wir, zu Hei-

nis großer Freude, schnell gelernt, und so zogen wir
dann zum Großglockner hin, von Gasthof zu Gast-
hof, und schmetterten:
... Be-ar-ze-nu.
E-rez Zi-on
We-Je-ru-scha-la-jim!

Immer hatte meine Mutter von sich gesagt, sie sei eigentlich ein fröhlicher Mensch, und das behauptete
sie mit großem Nachdruck auch von mir, und wenn
wir manchmal traurig, unruhig oder wegen irgendei-
ner Sache bedrückt zusammensaßen, hat sie ganz besonders darauf bestanden, daß wir im Grunde doch
»fröhliche Menschen« seien. Bei dieser Gelegenheit
hat sie mir ihre Schmerzwellentheorie erklärt. Die
Schmerzen, die einem das Leben zufügt, seien nämlich nicht etwa ein großes Wehtun und dann ein Ab-
klingen, sondern diese Schmerzen kehrten in Wellen
immer wieder, aber jede dieser wiederkehrenden
Wellen sei kleiner als die vorhergehende, bis sie sich
dann irgendwann ganz abflachen, und das war von
allen Theorien, an die meine Mutter im Laufe ihres
Lebens glaubte, vielleicht die einzige, die der Wirklichkeit standgehalten hat und die ich auch von ihr
übernommen habe und sie weiterentwickelte, denn
oft habe ich schon Schmerzwellen mitgezählt und
herausgefunden, daß sie genau nach der siebenten
Wiederkehr deutlich abflachen, um dann ganz in den
Ozean der betrogenen Hoffnungen und verendenden
Sehnsüchte zurückzufluten. Unsere Theorie gilt

natürlich nur für die Schmerzen des kleinen und mittleren Unglücks, denn über die großen Unglücke sprachen wir, fröhliche Menschen, die wir nun einmal waren, ja sowieso nicht.

Ende Mai 1991 habe ich meine Mutter das letzte Mal gesehen. Sie stand in der Ziegelofengasse, vor der Tür des »Seniorenheims«, in das sie vier Wochen vorher eingezogen war, und ich stieg in ein Taxi, wir hatten uns umarmt, winkten uns noch einmal zu und waren traurig, haben aber nicht geweint. Denn außer einem fröhlichen Menschen wollte meine Mutter auch ein starker Mensch sein oder wenigstens so scheinen, und diese beiden großen Anstrengungen des Fröhlichseins und des Starkseins kamen wohl aus ihrem Stolz, der an den Hochmut grenzte. Den Hochmut, sich niemals auszuliefern und so für immer unbesiegbar zu bleiben.

Ich war für das Wochenende nach Wien gekommen, nachdem ich am Telefon gespürt hatte, daß es ihr wirklich nicht gutging, und weil Murr gerade gestorben war. Die war als erste von den Freunden hinter das vierte Tor gezogen. Ich war allein gekommen, ohne Kinder und ohne Peter, das war ungewöhnlich und für uns beide etwas beunruhigend, weil uns die Anwesenheit der Kinder und auch Peters Anwesenheit immer ein bißchen voreinander geschützt hatten. Mit Peter hatte sie sich schon lange verbündet, weil er sich ihrem beratschlagenden Nachfragen nicht entzog, und sich von ihrem Kümmern und Verwöhnen nicht gelähmt fühlte, und sie setzte ja auch große Hoffnungen in ihn, weil er Physiker, also Wissenschaftler ist und deshalb, im Gegensatz zu mir, vernünftig sein müßte, und darüber hinaus vielleicht sogar den Fernseher reparieren kann. Peter mußte allerdings eingestehen, daß er das nicht konnte, weil er sich nur mit theoretischer Physik beschäftigt habe, also eigentlich mit Mathematik, dort, wo sie der Poesie schon sehr ähnlich sei und wie diese zum Reparieren von gar nichts nütze. Das mit der Poesie hatte meine Mutter lieber überhört, und immerhin schaffte er es ja trotzdem, Steckdosen und den Toaster zu reparieren.

An diesem letzten Wochenende waren wir also einander ein bißchen ausgeliefert und wie zusammengesperrt in dem fremden Zimmer, wir haben Zeitung gelesen oder ferngesehen und sind einmal vormittags und einmal nachmittags in dem Bezirk um das »Seniorenheim« herumgelaufen, den wir nicht gut kannten und in dem sich meine Mutter genauso fremd fühlte wie in dem Haus voller alter Menschen. Dort einzuziehen war aber auch wieder eine vernünftige, pragmatische Idee nach der englischen Art gewesen, und mir war auch nichts Besseres eingefallen, wir hatten natürlich beide Angst, vor einem Tod, der sie ganz allein zu Hause hätte treffen können, oder einfach einem Herzanfall oder sonst einer Schwäche, bei der sie Hilfe hätte holen müssen. Nein, und nach Straßburg, wo sie sonst keinen kannte, wollte sie auf gar keinen Fall ziehen. »Ich will in Wien sterben, ich bin hier auch geboren.« Sie war übrigens die einzige aus dem Kreis der Freunde, die nicht aus einem Ort mit unaussprechlichem Namen in Polen, Mähren oder Litauen stammte und deren Geburtsort tatsächlich Wien hieß. Darüber haben ihre Freunde oft gelacht, und ich habe nie so richtig verstanden, warum.

Wir sind die Margaretenstraße entlanggelaufen, auf der einen Seite hinunter und auf der anderen Seite hinauf, haben uns intensiv alle Auslagen angesehen, und das war auch ein Vorwand, um öfter stehenzubleiben, denn seit ein paar Wochen schon konnte meine Mutter nur noch schwer, in kleinen Schritten, gehen, sie, die ihr ganzes Leben in einem »Affentempo«, wie mein Vater das nannte, allen vorauslief, daß man sich fragte, welchen Ort der Welt es denn gäbe, den man so schnell zu erreichen wünschte. Wir sahen uns die Auslagen an, vor allem der Geschäfte mit Kleidern und Haushaltswaren und der von Palmers, und kommentierten ausgiebig alle Artikel, die wir da sahen, wozu sie gut oder wie unbrauchbar sie, jedenfalls in unseren Haushalten, wären und wie wir diese Mode oder jene fanden und daß leider nie etwas genau nach unserem Geschmack sei, da wir die Sachen ja gerne schön und praktisch hätten, und das gebe es eben selten, und dann erzählte sie von der Einrichtung ihrer Wohnung in Paris und der in London oder von einem Kleid oder einem Hut, die sie in Frankreich oder England getragen hatte, und immer wieder von dem Grapefruitmesser, das sie aus England nach Berlin mitgebracht hatte, und dann zwanzig Jahre habe warten müssen, bevor sie es zum ersten Mal benutzen konnte, »1946, ins zerbombte Berlin, ein Grapefruitmesser!«. Im Gegensatz zu dem goldenen Kettchen besitze ich aber das Grapefruitmesser heute noch. Die Vergangenheit und die Erinnerungen meiner Mutter lagen in solchen Details, und wir waren uns nahe, wenn sie davon erzählte, und sie schien mir nicht verschlossen, wie wenn ich sie zu Gesprächen über »wichtige« und »richtige« Dinge drängte, von denen sie sich gequält fühlte und dann bloß bat, ach, sekkier mich doch nicht.

Wie sie da stand, vor dem Seniorenheim, sah meine Mutter so klein, so schwach, so besiegt und mutlos aus, wie ich sie noch nie gesehen hatte, doch ich bin trotzdem losgefahren und habe mich mit meiner Freundin im *Prückel* getroffen, und da saßen wir dann, und haben Dinge besprochen, die wir für »richtig« und »wichtig« hielten, während meine Mutter wahrscheinlich gerade in ihrem Zimmer die letzten Sachen wegwarf und zerriss, auch alle meine Briefe, auf die sie doch immer so gedrängt hatte. Übrig ließ sie nur die beiden letzten Briefe ihrer Mutter aus London und ein paar Karten und Briefe meiner Söhne, auf denen wichtige Mitteilungen standen: »Oma, ich hatte mich getäuscht, die größte Stadt der Welt ist Mexico City.«

Ein paar Tage später ist sie gestorben, allein in dem Zimmer im Seniorenheim, ohne jemanden zu rufen, zu bitten, zu belästigen, wie es ihre Art war, stark, stolz und ein bißchen hochmütig. Am Nachmittag hatte sie ihre Freundin in Döbling besucht und ist später von da herunter mit der Straßenbahn noch einmal durch die ganze Stadt gefahren, und abends hat sie dann wahrscheinlich auf ihrem Bett gelegen, wie sie das immer tat, und wie ich sie immer vor mir sehe, mit einem Penguin-Book vor der Nase oder neben sich, ihren Gedanken nachhängend, hinter denen ich immer so viel Geheimnis vermutete.

Wahrscheinlich aber hatte sie nur versucht, mit ihren Gedanken ihrem Leben hinterherzukommen, den großen Ideen und Ansprüchen und der Wirklichkeit, in die sie eingefallen waren, den wechselnden Orten und vielfachen Ehen, den Freunden, den Geliebten, und vielleicht war sie auf einer vagen Suche nach einem Sinn hinter dem allen gewesen.

Meine Mutter ist genau in dem Schweigen gestorben, in dem sie, jedenfalls mit mir, auch gelebt hatte, aus dem ich sie manchmal herauszwingen wollte und es nicht konnte, und erst jetzt weiß ich, daß es sinnlos war, wenn ich immer an ihr herumwünschte und herumdeutete und drängte.

Heute abend würde ich gerne neben ihr in ihrem Zimmer in der Theresianumgasse sitzen, sie auf dem Bett, ich auf der Erde, und mit ihr zusammen einen tepperten Film im Fernsehen anschauen, am besten einen englischen, der dann so teppert auch gleich gar nicht mehr sein kann, und sie kann dabei immer die eine oder andere Erinnerung aus dem geliebten England hervorholen, aber doch bald bei den verschiedenen österreichischen Ministern landen, denn was die Tagespolitik betraf, war meine Mutter immer up to date.

Danach würde ich ihr dann alle Strumpfhosen zeigen, mit denen ich mich heute bei Palmers für den Winter eingedeckt habe, wir würden sie aus den Verpackungen herausholen, die Schildchen studieren, sie befühlen, ein bißchen hin und her ziehen und meine Mutter würde, mit Recht, bemerken, daß nur die Baumwoll-Polyamid-Mischungen wirklich gut sitzen, warm sind, und auch am längsten halten.

Ich nehme an, daß von dem Körper meiner Mutter nun tatsächlich nur noch ein Gerippe unter dem Stein liegt, auf dem steht Lizzy Honigmann, 1910–1991, und die übliche hebräische Formel.

Es regnet immer noch, und jetzt fängt es sogar zu stürmen an, und ich will hier weg. Früher war ich nie auf diesem Friedhof gewesen und wußte gar nichts vom vierten Tor. In der Gärtnerei gegenüber gebe ich einen Dauerauftrag für die Pflege des Grabs ab und hinterlasse meine Kontonummer. Nun kann ich nur noch hoffen, daß der Friedhof nicht allzuoft geschändet wird, weiß aber leider, daß es regelmäßig geschieht.

Dann schleiche ich wieder auf dem Trampelpfad an der Mauer entlang und muß sehr aufpassen, daß ich nicht auf dem glitschigen Boden ausrutsche und nicht ganz den Halt verliere. Dann fahre ich mit der 71 den endlosen Weg in die Stadt zurück, sehe nicht aus dem Fenster, da sehe ich bloß mein Spiegelbild, denn es ist inzwischen dunkel geworden, und noch später, am Abend, fahre ich vom Westbahnhof mit dem Zug wieder ab von Wien. Ich denke an meine Mutter und an ihre Freunde, und an alle Leute, die ich in dieser Stadt kenne oder kannte, die schon gestorben sind, oder weggezogen, oder auch verreist oder einfach beschäftigt, weil sie ja ein erwachsenes Leben hier führen und ihre Gänge und Wege gehen, die ich nie gefunden habe, weil ich hier immer ein Kind geblieben bin.

Und plötzlich wird mir klar, daß Wien eine Insel ist. Auch Wien ist eine dieser Inseln, die alle früher oder später im Meer des Exils versinken.

Meine Großeltern sind aus ihrem ungarischen Dorf nach Wien gekommen. Wer weiß, was sie sich erhofft haben. Meine Mutter ist da geboren worden. Alles in allem hat sie 32 Jahre hier verbracht. Die ersten vierundzwanzig und die letzten acht ihres Lebens. Auch zu meinem Leben hat Wien so selbstverständlich gehört wie das Zimmer, in dem ich in Berlin wohnte und wo meine Mutter die Hände über dem Kopf zusammenschlug wegen des Krawuris, das da herrschte, dabei war sie selber noch viel unordentlicher.

Jetzt fahre ich wieder in meine französische Provinzstadt zurück, in der meine Söhne aufgewachsen sind und deren Fußballmannschaft sie als »unsere Mannschaft« bezeichnen.

Es hört nicht auf, zu regnen und zu schütten. Eine richtige Flut. Es stürmt und nun blitzt und donnert es auch, und ist ein richtiger Krach und ein Dröhnen von den Wasserstürzen vor den Fenstern des Zugs. Und ich sehe zurück, und da ist, hinter mir, Wien versunken und untergegangen.

Nachbemerkung

Inzwischen habe ich das Land Israel gesehen. Die Wüste mit hohen Gebirgen und Wadis, Kamele, Kibbuzim und das Meer, und bin dort auf der Straße hundertmal meiner Mutter begegnet, und habe Topfenstrudel unter Palmen gegessen in Tel-Aviv und zu Steinen gesprochen in Jerusalem.

Ob das Wort Krawuri wirklich Wienerisch ist, weiß ich nicht. Ich habe es niemals von einem anderen Menschen als meiner Mutter, aussprechen gehört und im Lexikon steht es auch nicht, weder im Duden noch im Weigand, aber wir sagen es hier tapfer immer weiter –, kleine Sprachinsel unbekannter Herkunft.

Ein seltener Tag

Für eine Woche bin ich ganz allein zu Hause. Peter ist nicht da, und meine Söhne sind auch verreist, jeder in eine andere Richtung. Das kommt selten vor, daß ich in einer leeren Wohnung aufwache. Ich gehe im Nachthemd durch alle Zimmer, um zu sehen, ob es wirklich wahr ist. Es ist wahr. Nur die Katze wirft sich bei meinem Anblick vor Begeisterung auf den Rücken. Ich gebe ihr Frühstück

Früher gab es einmal eine Zeit, in der ich lange ganz allein lebte. Wenn jemand bei mir war, war es ein Besuch, einer, der kam und wieder ging. Wenn wir uns, Freunde untereinander, manchmal in einem gemeinschaftlichen Leben versuchten, war es ein Spaß und ein Luxus, eine komfortable Kommune in der Vielzimmer-Wohnung von Peter Kahanes Eltern, die monatelang in Brasilien weilten, oder anderer Eltern, die lange entfernt blieben. Wir bildeten eine kleine Künstlerkolonie, malten, zeichneten, schnitten in Holz, druckten, banden Bücher und redeten bis zum Morgen, und Eva-Maria (Klavier) und Pike

(Gesang) gaben dazu die Rezitative aus den Kantaten, Passionen und dem Weihnachtsoratorium von Johann Sebastian Bach zum besten. Doch dann gingen wir nach einer Weile, lachend, wieder auseinander, und erinnern uns heute, weißt du noch? Aber ich sehnte mich immer danach, mit einem Menschen richtig, im Ernst, zusammenzuleben – ob ich es zustande bringen würde, wußte ich nicht –, und ich sehnte mich nach Kindern, einer Familie. Dann bekam ich, wenn auch nicht in der klassischen Reihenfolge, eine Familie, und es war immer jemand bei mir, morgens, mittags, abends und nachts, und nun sehne ich mich oft nach Alleinsein und Einsamkeit, manchmal sogar nach einer völligen, besinnungslosen Einsamkeit, und nach Freiheit.

Heute, Dienstag, 31. Juli, schwanke ich zwischen der Euphorie der Freiheit, der Verzweiflung des Verlassenseins und einer Verzagtheit vor dem leeren Tag.

Alles, was ich nicht tun werde.

Nicht kochen, nicht abwaschen, nicht auf den Markt laufen, keine Taschen zurückschleppen, keine Wäsche in die Waschmaschine stopfen, bügeln sowieso nicht, mich um nichts kümmern, mich nichts fragen und mir nichts sagen lassen, wie wann wenn aber es muß es müßte bitte denk an, niemandem zuhören, nichts erklären, mir keine Sorgen machen, keine Ratschläge geben. Keine Unruhe, keine Bange, keine Angst. Keine Diskussion. Kein Streit. Kein Krach. Niemanden abholen. Nichts zu besprechen. Kein Kommentar. Keine drei Leben, die ich noch mitleben muß, sondern nur eines. Meines. Mein einziges Leben.

Was ich an diesem Tag meines einzigen Lebens getan habe.

Lange geschlafen. Keine Baguette geholt, bloß ein altes Stück Brot getoastet. Ausgiebig meinen Kaffee getrunken und eine Zeitung gelesen, die noch von der vorigen Woche herumlag und in der ich noch ein paar Artikel fand, die ich überblättert hatte, schließlich kann ich mich ja nicht immer für alles interessieren; heute allerdings erlaube ich mir den Luxus und erfahre von Ländern, Gegenden und Problemen, deren Namen ich noch nicht einmal gehört habe. Angezogen habe ich mich in zwei Sekunden, das Bett mache ich erst gar nicht, und nun liegt dieser lange Tag vor mir und es überfällt mich Angst. Vielleicht könnte ich jemanden anrufen und mir eine Gesellschaft verschaffen, wenigstens für heute abend, Jocelyne, Jaqueline, Sophie oder Liliana. Aber nein, das werde ich nicht tun, ich werde einsam sein und einsam bleiben, eine Heroine des leeren Tags.

Post. Die Hälfte ungeöffnet in den Papierkorb. Rubens Fußballzeitung. Karten aus zwei Ländern, die ich nie betreten habe, eine von Alfried und eine von Sanda. Ich zähle die Ausrufungs- und Fragezeichen. Auf Sandas Karte: Ich liebe Dich, sechs Ausrufungszeichen Du bist meine beste Freundin, sieben Ausrufungszeichen. Auf Alfrieds: Wann sehen wir uns wieder, drei Fragezeichen. Ich muß lachen und will sofort antworten, einen seitenlangen Brief. Wie der Maler Blau sagt: »Das Maß der Liebe ist beschränkt, ich bewahre sie für die auf, die mich lieben. Meine Feinde hasse ich.« Noch eine Einladung und eine Anfrage in Sachen meines Berufs. Das gibt mir das Gefühl, daß ich einen habe, und ich fühle mich auch gleich vollkommen überarbeitet. Manchmal erscheinen mir aber die Karten und Briefe wie eine letzte Verbindung nach draußen, nachdem ich mich selbst so weit weggeschafft habe; ich wundere mich, daß sie mich finden. Der Brief, den ich jeden Tag erwarte, ist nicht dabei; er kommt nie, ich weiß das schon und warte trotzdem. Die Briefmarken reiße ich ab und lege sie in eine kleine Schachtel. Ab und zu kommt die Briefträgerin hoch und holt sie sich ab. Sie guckt sich meine Briefe etwas genauer an, seitdem sie mich einmal im Fernsehen gesehen hat. Sie habe gleich die ganze Familie zusammengerufen, und auch fast alle anderen aus meiner Straße haben mich bei meinem kleinen Auftritt erwischt, die Mannschaft von unserem Türken an der Ecke und Monsieur Rustem mit seiner Familie aus Zypern und auch der Idiot der Straße, Monsieur Henri, der immer so strahlend grüßt, und seitdem grüßt er noch strahlender. Ein paar Tage waren sie dann alle ganz stolz auf mich, als ob ich Einstein wäre.

Ich setze mich an den Schreibtisch. Es ist der Schreibtisch meines ältesten Sohnes, der ausgezogen ist zum Studieren. Das Zimmer ist sein Zimmer, und ich muß nun versuchen, es in ein Arbeitszimmer für mich zu verwandeln. Das fällt mir schwer, denn da liegt und steht noch so viel von ihm herum, Kinderbücher, Sammlungen und Ansammlungen aller möglichen Dinge, die er vielleicht hinter sich gelassen hat, ich aber habe sie noch lange nicht hinter mir gelassen. Peter sagt, ich sollte mir endlich einmal einen richtigen Erwachsenenschreibtisch kaufen und mein ganzes Leben nicht immer bloß zwischen stehen- und liegengelassenem Müll verbringen. Dabei ist er es gewesen, der die alten Bretter für die Regale aus Berlin mitgeschleppt hat; die Möbelträger haben angewidert gesagt, wir sind doch kein Holztransport.

Ich fange an zu zeichnen, die Dinge, die vor mir liegen auf dem Schreibtisch, Heft, Block, Caféglas, Buch, Stifte, dann sehe ich alte Zeichnungen in den Mappen an, dann suche ich eine Leinwand für den großen Akt, den ich schon lange malen will, finde auch ein schönes Format, stelle die Leinwand auf die Staffelei und betrachte sie und stelle mir den Akt darauf vor. Aber weil es so schwer, so anstrengend ist, die Tat mit Händen zu tun, lege ich mich aufs Bett und lese die Zwetajewa-Briefe weiter. Und weil sie so niederschmetternd sind, stehe ich wieder auf, und suche in »Gestern, vorgestern« von Agnon die Stelle, wo der Maler Blau den Entschluß faßt, das Leben und den Tod zu gestalten. »Die Geschichten von Tieren und Vögeln, die seine Frau ihm vorgelesen hatte, kamen ihm dabei zu Hilfe; er hatte sie zwar schon vergessen, aber ein Schatten eines Schattens davon war ihm im Sinn geblieben.« Dann kommt schon »Panorama« auf France Culture, und beim Zuhören koche ich nebenbei ein Zwetschkenkompott, sonst verfaulen die Früchte ja bei der Hitze, und schalte doch die Waschmaschine an, weil die Wäsche jetzt so schön schnell auf dem Balkon trocknen kann, und dann setze ich mich neben den Wäscheständer auf den Balkon, in die Sonne, die am strahlend blauen Himmel scheint, die Katze legt sich neben mich, und züchte meine Sommersprossen. Möwen fliegen ganz tief durch die Straße, als wohnten wir am Meer. Auf dem Trottoir gegenüber spielen, wie jeden Tag in den Ferien, Anwar und seine Brüder, die häßlichsten Kinder, die ich je gesehen, und die größten Krachmacher, die ich je gehört habe. Aber sie stören mich gerade nicht in meinen Selbstgesprächen, den Gesprächen mit Freundinnen und Freunden von früher, denen aus der kleinen Künstlerkolonie oder aus anderen, späteren Epochen, die ich nur noch selten sehe und manche von ihnen gar nicht mehr, weil wir jetzt alle weit voneinander entfernt leben oder uns sonst verloren haben, und nur, wenn wir an noch entferntere Orte kommen, schreiben wir uns eine Karte, daß wir aneinander denken. Das ist aber nicht genug, denn wenn wir uns dann doch einmal wiedertreffen, brechen Redeflüsse, -ströme und -ozeane aus uns hervor, die sich aus Quellen speisen, die anscheinend nie versiegen.

Telefon. Michael Hasenclever, der meine Bilder ausstellt. Wie immer sprechen wir ziemlich lange, ich habe ein schlechtes Gewissen, schließlich ist es ein

Ferngespräch. Ich erzähle ihm von dem Akt, den ich heute zu malen beginnen werde, und ich wünsche mir, daß er ihn gleich sieht, obwohl ich ja gerade erst die passende Leinwand herausgesucht habe. Und doch! Herrn Hasenclevers Urteil wiegt schwer. Und seine Treue auch.

Es fällt mir ein, daß ich Ingrid Krüger die Adresse von D. faxen soll. Ich tue es und fünf Minuten später ruft sie an, aus Berlin. Danke für die Adresse und dann Manuskripte, Pläne, Projekte und Buch. Verlag, Kollegen, Berlin. Reisen und Lesungen, Kinder und Familie. Und was sonst noch im Leben passiert, jetzt, früher und später vielleicht – das haben wir alles jedesmal zu besprechen.Und nun will ich unbedingt sofort an meinem Roman weiterschreiben, von dem ich ihr gerade erzählt habe (nicht zum ersten Mal), und der bis jetzt nur aus einem Schuhkarton besteht, in dem ich Zettel und Blätter sammele, aber auf den Deckel habe ich den ersten Satz geschrieben, den ich schon jahrelang mit mir herumtrage. Ingrid Krüger und Michael Hasenclever sind die treuesten Gefährten meines Schreibens und Malens. Dafür bin ich ihnen sehr dankbar, und das muß auch einmal gesagt werden.

Bild oder Roman ist jetzt die Frage, und obwohl ich eben noch so voller Schwung war, resigniere ich wieder einmal vor dem Zwiespalt und sehe statt dessen Anwar und seinen Brüdern zu, warum sie jezt schon wieder so rumbrüllen, und dann krame ich weiter, lese weiter und schreibe manchmal etwas auf einen weißen Zettel, ein gelbes Blatt oder in das rote Heft. Dann schreibe ich den seitenlangen Brief. Warum sehen wir uns nicht mehr, warum denn bloß, zehn Fragezeichen, das Leben könnte ja auch plötzlich zu Ende sein, zwölf Ausrufungszeichen.

Wie es wohl Ruben gerade geht, bei seinem Freund auf dem Land. Er ist schließlich mein kleiner Sohn, und ich rufe ihn an, um mich zu erkundigen, was sie so tun und wie es ihm gefällt. Er findet diese Fragen allerdings überflüssig, ist kurz angebunden und sein einziges Interesse gilt der Fußballzeitung, aus der ich ein paar Ergebnisse durchgebe, dann sagt er bloß noch, »Tschüs, Mama«, und ich sage schnell, »mein Rübchen, amüsier dich schön«, und schon übernimmt die Mutter des Freundes das Telefon und versichert mir, tout va bien.

Vielleicht sollte ich doch mal aus dem Haus gehen, wenigstens bis zum »Petit Café« rüber. Auf der Terrasse sitzen die Leute, die da immer sitzen, der Kurde, mit dem ich mich vor zehn Jahren so gestritten habe, daß wir uns gerade noch grüßen, aber nicht mehr an einen Tisch zusammensetzen, die drei Araber und das iranische Ehepaar, mit dem zusammen ich den Französischkurs besucht habe, vor vielen Jahren. Manchmal reden wir miteinander und meistens nicht. Ich setze mich allein an einen Tisch und bestelle mir eine Kugel Schokoladeneis und einen Espresso. Eine ältere Frau setzt sich zu mir, wir reden ein bißchen darüber, wie ruhig die Stadt ist und daß nun wohl auch die letzten in die Ferien gefahren sind, morgen ist ja schon der 1. August. Dann bezahlt sie und wünscht mir noch eine bonne fin d'après-midi, und ich nehme immer ein bißchen Eis in einem Löffelchen heißen Kaffee und muß aufpassen, daß ich das Löffelchen in den Mund kriege, bevor das Eis in dem Kaffee geschmolzen ist. So haben wir es damals, vor hundert Jahren, in der fernen Slowakei entdeckt, Weri und ich, und wir fanden, daß diese schwierige Mischung aus heiß und kalt einfach das Größte sei.

Das iranische Ehepaar winkt mir beim Gehen kurz zu, und der Kurde nickt mir auch zu, und ich nicke zurück, aber dann sehen wir wieder aneinander vorbei, wegen unseres Streits vor zehn Jahren, und ich sitze weiter da, und meine Gefühle beginnen nun ihre große Runde zu drehen. Von Verzagtheit und Wehmut über Sehnsucht und Heimweh bis zur völligen Mutlosigkeit, und ich weiß nicht einmal genau, ob es ist, weil ich mich zu allein fühle oder zu gefangen, weil alles zu leer oder weil alles zu vollgestellt ist um mich herum, weil ich zu gebunden bin oder völlig ohne Halt, oder weil mir immer klarer wird, daß mein Leben mir nur endliche Erfahrungen bietet, obwohl ich mich so sehr nach dem Unendlichen sehne. Das ist die Stelle, wo der Wunsch in mir aufsteigt, mich noch einmal aus allem herauszureißen, und es ist halb eine Phantasie der Befreiung, und halb ist es eine Phantasie der Bestrafung.

Mit dem Löffelchen heißem Kaffee und dem kalten Eis darin ist es immer eine Frage der Balance, und weil es mir gerade so gut glückt und weil es ausgerechnet an unserer Ecke den besten Espresso der ganzen Stadt gibt (»Chez Franchi«, seit 1935), finde ich in diesem banalen Gelingen und dem glücklichen Zufall plötzlich meine Zuversicht wieder und denke, daß ich vielleicht einfach immer zittere und schwanke wie die Kompaßnadel, bei der es damit schließlich auch seine Richtigkeit hat. Jetzt fehlt mir nur noch ein bißchen Elan, um nach Hause und endlich an meine Staffelei zu gehen, und wie so oft hole ich ihn aus dem Schatten einer Erinnerung

Einmal hatte es ein kleines, seltenes religiöses Fest in unserer Wohnung gegeben, deshalb war sie plötzlich einen Abend lang voller bärtiger Männer, die Frauen, eben weil es nur ein kleines und seltenes Fest ist, hatten sich gar nicht erst die Mühe gemacht zu erscheinen, und auch ich stand bloß in der Küche und rührte in meiner Vinaigrette für die Salate, die ich später den bärtigen Herren servieren wollte, als plötzlich Raw Nahum, unser wilder marokkanischer Rabbiner, in die Küche gestürzt kam, er stürzt in allen seinen Bewegungen und rudert weit herum, und sagte, daß er sich gerade meine Bilder angesehen hätte und daß sie sich bei jedem Hinsehen verändern würden und das sei ja »incroyable«, als ob sie ein eigenes Leben führten, Ich sagte, ja, das stimmt, sie machen sich selbstständig, wie das die Kinder auch tun. Dann sprachen wir über die Schwierigkeiten der Juden mit dem Bild, und Raw Nahum sagte, schwierig, schwierig, sehr schwierig, und ich sagte, ja, wirklich sehr schwierig, und dann zitierte ich ihm den Satz von Levinas, den ich einmal aufgeschnappt hatte, »l'art consiste à retrouver le visage«, da strich er sich über den Bart und stürzte weiter und ruderte in der Küche herum. Aber dann zog er mich plötzlich hinter sich her, in das Zimmer, zu den bärtigen Herren und hat meine Bilder vor ihnen gerühmt, wie kühn und wie »incroyable« sie seien, »welche Kühnheit, die Welt mit den Augen verstehen zu wollen«, und dann schwang er sich sogar auf, zu sagen, daß, wenn ich Talmud studierte, ich es bestimmt sehr weit bringen und ein großer Talmudgelehrter, ein Talmid Chacham, werden würde. Die bärtigen Männer waren vollkommen überrascht von solchen Reden ihres Lehrers und sahen ziemlich ungläubig auf ihn, auf mich, und endlich sogar auf meine Bilder. Schließlich steht der Talmid Chacham ganz oben auf der Stufenleiter der Juden, über ihm stehen nur noch die Propheten und über denen steht dann nur noch »der Name«. Und weil ich die Herren nicht weiter durch meine Größe beschämen wollte, bin ich zu meiner Vinaigrette in die Küche zurückgekehrt und habe sie ihr kleines, seltenes Fest zu Ende zelebrieren lassen.

Ich zahle, ich trotte nach Hause, ich schließe die Wohnungstür auf, wieder wirft sich die Katze bei meinem Anblick vor Begeisterung auf den Rücken. Ich gebe ihr Abendbrot. Dann schließe ich die Wohnungstür zu, was ich sonst nie tue, dann schiebe, ziehe und wuchte ich die Staffelei in den Flur, wo der große Spiegel hängt. Dann ziehe ich mich aus. Dann sehe ich in den Spiegel.

Vanitas vanitatum.

Ich versuche, mich als ein Modell zu sehen, als eine fremde Frau, und sowieso vermischt sich mein Anblick immer mehr mit dem aller meiner Freundinnen, mit denen zusammen ich jetzt in dieses mittlere Alter gekommen bin. Wir haben eine Menge grauer Haare gekriegt, unsere Kinder werden groß oder sind es schon, und wir finden diese Lebenszeit ein bißchen fürchterlich. Neulich, am Schabbat, mittags, als wir alle um den großen Tisch herum saßen, habe ich mit Liliana, neben mir, darüber gesprochen, wir haben uns aus dem allgemeinen Gespräch zurückgezogen und uns in die Augen gesehen und geseufzt, und sie hat es zusammengefaßt: »eh bien, le gros est joué«, dann haben wir unseren Blick wieder voneinander abgewendet und mir sind tatsächlich die Tränen in die Augen geschossen. Dann haben wir die anderen wieder in ihren Gesprächen eingeholt und mit ihnen weiter an der Zeit und der Welt und auch gleich noch an der Vergangenheit und Zukunft heruminterpretiert, das ist ja immer beruhigend, man kann sich vorkommen, als ob man irgend etwas verstanden und in der Hand hätte. Nur Peter stört den Frieden, wie es seine Art ist, indem er alle Tatsachen und Wahrheiten der Welt nur zu Konventionen des Denkens, Betrachtens und Redens erklärt und noch alles in Frage stellt, was jeder weiß, jeder kennt und was sowieso klar ist, bis sogar die besten Freunde die Augen zum Himmel drehen und mich mitleidig ansehen, weil sie wahrscheinlich nicht wissen, daß ich ihn für diese nervtötende Eigenschaft nämlich noch besonders liebe und sogar ein bißchen bewundere, weil es ihm gar nichts ausmacht, sich notfalls in Widerspruch gegen alle zu stellen, und dabei noch ganz ruhig bleibt, während ich immer die Übereinstimmung suche und, wenn ich sie nicht finde, schnell zu schreien anfange. Peter hat es mir erklärt, der Himmel ist blau. Banal. Jeder sieht es. Er ist aber gar nicht blau, sondern schwarz, wie alles da oben, tiefschwarz. Ausnahmsweise ist es keine Konvention, sondern eine Tatsache. Warum der schwarze Himmel blau aussieht, hat er mir auch schon dreihundertmal erklärt, und ich habe es viertausendmal wieder vergessen.

Jetzt habe ich die Figur mit Kohle vorgezeichnet, und sie scheint mir richtig zu sein. Sie steht ungefähr so da, wie ich sie mir vorgestellt habe, etwas übergroß, oben und unten angeschnitten, und der Hintergrund wird blau sein, wie die Nacht, die vor meinem Fenster aufzieht, ja blau. Ich schiebe, ziehe und wuchte die Staffelei wieder in mein Zimmer, das Zimmer meines Sohnes, zurück. Es ist nun schon neun Uhr abends, daß ich richtig zu arbeiten anfange, das heißt, ich betrachte, ich betrachte und ich betrachte, so bereitet sich die Schöpfung vor, im Kopf ist Tohu und Bohu und auf der Leinwand soll sich daraus Gestalt finden. Während ich den ersten Grund mit Gouache auftrage – endlich die Explosion, die Erregung und Aufregung des Anfangs. Ich muß sofort das Radio und den Fernseher einschalten, um die beruhigende Nachricht zu hören, daß die Welt noch weiter existiert, mit ihren Ländern, Gegenden und Problemen, deren Namen ich noch nicht einmal kenne, aber sie werden mich doch festhalten, hoffentlich. Ich quetsche Terra di Siena, Ocker, Umbra, Neapelgelb und Alizarin Krapplack (feurig) auf die Palette und schütte Terpentin in das Konfitüreglas mit der Aufschrift »Bonne Maman«, der Geruch steigt auf und verbreitet sich im Zimmer, ich mansche in den Farben herum, jongliere mit den Pinseln, einer steckt mir immer quer im Mund, und manchmal verschlucke ich ein bißchen von der Farbe und merke, daß sie widerlich schmeckt, und nun muß ich auch noch eine Bachkantate oder die Matthäuspassion oder eine Beatleskassette meiner Söhne spielen (wenn sie die in ihren Zimmern hören, schreie ich durch die Wohnung: Tür auf! Lauter!), etwas jedenfalls, wo ich den Text kenne und laut mitsingen kann, und rauchen muß ich jetzt auch, um mich noch einigermaßen unter Kontrolle zu halten.

Die blaue Nacht vor meinem Fenster hat ihre eigentliche Farbe wiedergefunden, schwarz. Auf der anderen Straßenseite werden Anwar und seine Brüder ins Haus kommandiert. Sie leisten erbitterten Widerstand.

Endlich male ich, obwohl es kein Tageslicht mehr gibt, und die Leinwand spiegelt, aber das ist mir schon immer egal gewesen. Zwischendurch trete ich, soweit das in dem Zimmer möglich ist, zurück und betrachte das Bild, mal mit einem zugekniffenem Auge und mal mit beiden, und sehe, daß alles gut werden wird. Ich schalte nacheinander den Fernseher, das Radio und die Kassetten wieder aus, ich singe nicht mehr und ich rauche auch nicht mehr. Nach ein paar Stunden bin ich erschöpft, aber nun höre ich nicht mehr auf, und wenn ich ohnmächtig würde.

Anwar und seine Brüder sind offensichtlich im Bett. Kein Krach mehr. Die Katze schlittert noch einmal über alle Teppiche, bevor sie sich in der Kleiderkammer, im Pulloverfach, schlafen legt.

Später wasche ich meine Pinsel aus, mit Kernseife unter fließendem Wasser, wie ich es damals, in unserer kleinen Künstlerkolonie, gelernt habe, und wasche mir die Farbe von Händen, Armen, Gesicht und wo ich sie sonst am Körper verteilt habe. Dann gehe ich ins Bett.

Die Straße ist ruhig. Das Haus ist ruhig. Die Wohnung ist ruhig. Und ich selbst bin auch ganz ruhig.

Ein seltener und seltsamer Tag.

Dienstag, 31. Juli, meines einzigen Lebens.

INHALT

Kann Deutschland Heimat werden für eine nach dem Krieg geborene Jüdin? Muß die Vergangenheit stärker bleiben als die Gegenwart? Barbara Honigmann ist 1984 von Ostberlin nach Straßburg gezogen, doch mit ihren Büchern, die bei Leserinnen und Lesern durch ihren ebenso direkten wie poetischen Ton ein begeistertes Echo fanden, ist sie eine deutsche Autorin geworden. Von ihrer fremden, neuen Heimat aus erkundet sie in ihrem neuen Buch die zwei Seiten ihres heutigen, ihres »einzigen Lebens«: das »Damals«, die vergangenen Spuren ihrer Familiengeschichte, und das »Danach«, ihre Gegenwart, die von dieser Vergangenheit geprägt bleibt.

Städtenamen werden zu Zeichen für jüdisch-deutsche Schicksale in diesem Jahrhundert: »Gräber in London« der emigrierten Großeltern, »Untergang von Wien« als Lebensgeschichte der Mutter, »Von meinem Urgroßvater, meinem Großvater, meinem Vater und von mir« als bewegendes Bild jüdischen Lebens über vier Generationen. Den Kontrast bilden jene Kapitel, in denen Barbara Honigmann über ihr heutiges Leben berichtet: von den beiden »Selbstporträts« als Jüdin und als Mutter bis zu »Meine sefardischen Freundinnen«, einer lebendigen Skizze aus dem Straßburger Alltag zwischen den Kulturen.